北京香山腳下 旗人的命運

——口述歷史訪談錄

張琴 著

「讀張琴與她的書」

　　看到旅歐華人張琴女士的紀實文學《北京香山腳下旗人的命運》使我眼前一亮，說實在的，我很感動，一位久居海外的同胞，能夠如此細膩地關注滿族人的歷史與生活，關心他們的命運和歷史遺存，以「今日旗人生活境遇怎樣？」為切入點，幾番親身在北京香山生活數月，在眾多採訪對象中選出數十位，收集了豐富的第一手調查資料，歷經數年完成了這本記述香山滿族百年興衰的口述史。

　　書中通過多位滿族老人對「香山旗人從哪裡來的？什麼時候在香山落戶？清朝皇帝遜位前家中生活如何，遜位後的變化？現今這些旗人還有沒有滿族的民族意識，還保留著什麼民族習慣？他們從事的職業，多數人以什麼為生？他們原籍在何處？祖上為何來北京？哪一輩人最風光？老姓是什麼？他們的信仰是什麼？是否還保持著祭祖的習俗？香山哪些人文景觀是八旗的遺物？家裏還有沒有清朝的擺設？是否還有民族回歸感？還保留本民族語言嗎？」等等這些問題的口述，用真摯簡練的文筆記錄下了許多珍貴的、即逝的歷史記憶。

　　張琴女士從深入「香山旗人」個人的生活經歷和生命過程的角度入手，通過這種方式，來瞭解他們如何記憶和表述他們的過去，口述畢竟是老百姓口中的記憶和認知，所以書中涉及到的一些人物和事件，其中也會有口述者個人的不同感受。作者卻從中提煉出他們怎樣把個人經歷與社會環境聯繫起來，怎樣使過去變成現在的一部分，他們的人生受到時代變遷的影響之後又隱藏著什麼樣的歷史背景與社會心態等等，從而來解讀北京香山滿族人的百年興衰。

　　總之，《北京香山腳下旗人的命運》是張琴女士用一片赤子之心完成的著作，是研究滿族歷史生活的探索和補充，尤其得知書稿還未付梓，幾位被訪滿族老人已相繼辭世時，更讓我們感到此書的價值所在，衷心希望書稿早日見面於廣大讀者。

　　今張琴女士問序於我，盛情難卻，略贅數言，是為序。

金適
庚寅冬日

　　（金適，女，滿族，1951年7月出生，北京市人。愛新覺羅氏，清高宗乾隆帝九世孫女。著名女真學、滿洲學、蒙古學專家金啟孮教授之長女；其六世祖母為「清代第一女詞人」西林太清；祖父金光平（恒煦）為女真文和契丹文的著名學者；其妹烏拉熙春為國際知名的契丹文、女真文與滿洲學專家。）

探尋歷史的榮與痛

　　我有幸讀到摯友旅西華人作家張琴君的長篇紀實文學作品《北京香山腳下旗人的命運》，便想起了香山正白旗北上坡39號曹雪芹故居發現的詩句「富貴途人骨肉親，貧賤骨肉亦途人。試看季子貂裘敝，舉目親人盡不親。」感慨萬千！身不由己地踏入香山的景、香山的人、香山的歷史。此時發現，香山不僅是一座旅遊勝地，翻開它的厚重與久遠，它會觸動歷史的神經，觸動無數人的情感，觸動榮與痛的記憶！

　　一頁一頁地閱讀著《北京香山腳下旗人的命運》，一次次地被觸動著，產生一種莫名的衝動，讓每個人找到自己的根，讓每個民族的成員珍愛自己民族的歷史、現在和未來！

　　我的根在哪裡？這是流淌在每個人心中的、無法用言語來形容潛在的意識，特別是因各種原因漂泊在外的人們。這種意識被觸動的時候會像洪水一樣無可阻擋的洶湧而來，這是一種民族意識，根深蒂固於心靈深處的尋根意識，是一種堅不可摧的凝聚力！

　　作者在《北京香山腳下旗人的命運》中以香山為聚焦點，以滿族和苗族生活為中心，用現實引出歷史事實，點破深藏在很多人心靈深處的、流淌在血液裏的民族意識，民族榮辱感！那份真實感動我一口氣讀下去。每一個真實的故事，真實的歷史真真切切地展現在腦海裏！閱讀著，我愈加深切地感受到流淌於血液中的民族情感是何等的牢固，何等的尊貴！因為那是一個人自尊自強的基石，是每一個多民族國家繁榮昌盛的前提！曾經民族意識被踐踏過的歲月，現在民族自豪感被忽略淡忘的現實，讓人不得不思考，不得不擔憂！一個失去民族自豪感的人會是怎麼樣？一個失去民族自豪感的國家會是怎麼樣？

　　《北京香山腳下旗人的命運》就像一座橋樑，鏈結現實與歷史的橋樑，尋根的橋樑，心靈的橋樑，引著讀著去探尋，去思考，去追問──此岸是我，那麼彼岸在哪裡，彼岸會是什麼？

　　一、《北京香山腳下旗人的命運》是一座歷史與現實的橋：《北京香山腳下旗人的命運》中作者以真實的歷史，真實的人物採訪，促使人們真正認識自我，認識自己的民族。讓人產生根的意識，民族意識，這是根本。

　　社會迅速發展的現實中，人們的物質需求愈來愈強的到滿足，精神生活顯得空虛，在這種情況下尋根意識慢慢顯現出來，特別是老一輩經歷過滄桑巨變的人們，這種意識特別濃烈。作者用真人真事採訪為主，詳實的歷史資料為補，給我們展示了跨越漫長歲月的香山腳下生活過的滿族、苗族人的興衰！

文中雖然被採訪的人有限，但是這些真實的故事，真實的情感，真實的民風給脫離歷史的人們架起一座橋，引著人們走進自己的歷史，自己的民族，自己真實心靈世界！這樣才能發現，發揚自己民族的最為燦爛的文化！

　　二、《北京香山腳下旗人的命運》是一座尋根的橋：世上沒有「無根之木，無源之水」。一個不尋根溯源的人是孤獨的，一個不知尋根溯源的民族是懦弱的，一個不尋根溯源的國家是沒有前途的。

　　《北京香山腳下旗人的命運》中作者以百姓的口述寫出他們記憶中的歷史，記憶中的民族興衰，記憶中的悲與苦，字裏行間總能出現一個民族成員的民族自豪感，血緣尋根意識和文化尋根意識，即使已經成為歷史記憶！

　　作者給讀者搭建一座美麗的尋根橋，走過這段橋，就能發現廣闊的空間！曾經我們有過太多的羈絆，現在斬斷羈絆，就能走過這段橋，找回曾經的輝煌，裝點現實，讓現實更加真實，更加充實，更加扎實！那是血緣給予的，是自己的民族賦予的最美的東西！

　　三、《北京香山腳下旗人的命運》是心靈的橋：在《北京香山腳下旗人的命運》中記錄了，歷盡滄桑的老人們藏在心底的百年記憶：是自豪，是悲痛，是希冀！向故土，向走散的親人們守望了多少個日日夜夜，經歷歲月和歷史摧殘的記憶，作者讓這份記憶重見天日，讓這份嚮往走向現實！讀者踩著作者搭建的

這座橋，走進滄桑老人的心靈世界，從老人的思慮中看清我們自己，看清我們未來的路途！

　　四、《北京香山腳下旗人的命運》是一座走進歷史文化的橋：《北京香山腳下旗人的命運》中作者大量介紹了聚居在香山一代的滿族、苗族的歷史，特別是清朝時期香山腳下滿族旗營的形式、類別、佈置、生活習俗、信仰、教育、文化、商事等不同方面各個角度進行記錄，以歷史的真實再現歷史上的香山腳下的狀貌，讓讀者更加真實地瞭解被現代文明取代的歷史！特別讓滿族後裔瞭解自己民族經歷過輝煌和衰敗，瞭解老人的所思所想，真正找到自己的位置搭建了一座橋！

　　面對博大精深的中國歷史，源遠流長的中國文化，這不是與我們毫無關係，而是我們的祖先一手締造的，我們需要去瞭解，去研究，去發現那文化的精髓！作者本著這種精神走向中國文化，書寫著中國文化！

　　因本人才疏學淺，寫出一段不像書評的書評，就算我對《北京香山腳下旗人的命運》的淺薄認識吧！還望張琴君海涵！望讀者沿著讀者的筆墨，沿著那座橋走下去，讀下去，去發現一個民族的所思所想，去探究中國歷史，中國文化！

　　誠謝朋友的信任和重托！

飛揚的流沙

2010年7月31日於內蒙

旗人的根究竟在哪裡？

　　五月，雨後的香山被滋潤得綠蔭蔥翠，充滿了生機，在潮濕的空氣中散發出一股槐花的芳香。頓時，作者已被眼前山巒所陶醉，不由自主感歎道，宇宙萬物中，水是惟一生命之源，如世間無水，萬物定會枯寂。正如人生沒有知識，心靈定會荒蕪枯竭。

　　2004年夏天，作者落腳香山公主墳青年詩人魯櫓家中　宿，對這裏的人和事並沒有多少印象。直到2005年夏天，作者第一次租下香山民居，一住就住了一月整。由此開始，對香山有了初步的認識，並產生了要寫一本關於滿族人的書。2006年春天，作者得到香山老年公寓趙宏麗院長積極的支援，入住一個半月時間，早出晚歸正式走進香山滿族後裔的家庭，完成了採訪。2007年夏天，作者帶上採訪已整理出十幾萬字的文稿，回訪書中每個主人翁又來到香山。

　　每當站在西山腳下，望著那片熟悉而又陌生的方圓土地。說熟悉，雖然在這裏曾經小住過些日子，可歷史在此駐腳過的地方，卻與作者隔離太遠，無法讓人走近。說陌生，因為再下功夫去研究，也難以探索到它脈絡最原始的走向。

　　在香山的每個日子裏，多少清晨，作者踏著晨光在香山石板小徑漫步，空氣裏似乎仍舊飄遊著帝王的氣息，同時，也洋溢著濃厚的華夏文化。在香山遇到老北京，才打聽到三個老人的所在，其中就有一個是旗人後裔，他們一投足一舉手，每句話中，無不惦念著祖先留下的輝煌史跡，清政府的垮臺，給他們生活和心靈留下來的陰影，無時不湧現於面。此刻，他們對我這個外來人沒有什麼戒備，作者也不知道從什麼時候，真正走近了他們的內心世界，竟然花了近一個半月的時間，跑遍了香山所有滿族後人居住的旗營，開始了對一個個鮮活活生命的採訪。

　　作者這一代是「混世魔王」走過來的，對中國歷史，僅僅一知半解，從書本上知道些5000年來曾經發生過的一些人和事，當零距離接近一個個鮮活的生命體，你才真正理會到什麼叫歷史。以前，我們更多的是在影視螢幕上看到清朝從輝煌到沒落，當你親眼見到現實生活中的旗人，對那段歷史便加深了印記。無論物質或是精神上，儘管在他們骨子裏已經沒有多少旗人的習性，但他們對祖先的懷戀和那段歷史給他們打下的烙印太刻骨銘心，實在使他們難以走出。

　　在整個採訪中，筆下主人翁的先祖曾在朝廷裏當過一品官，當過高級將領，曾橫掃過華夏的大江南北，參加過無數次戰爭，目睹戰死疆場者也不計其數。有人至今手上還保存著清政府留給他們祖先的「虎符」。書中收錄的白鶴群老師的《香山腳下話旗營》，是一篇厚重的文史記錄，它從「清」、「旗」首領努爾哈

赤起兵，到京城創立兵農合一，軍政合一，鞏疆衛邊，滄桑三百年旗人生活方方面面，留下了真實寫照。

八旗將領英勇善戰、統一中華、使華夏國土擴張，擁有無限光輝的顯績，在近代史上留下一座不可磨滅的豐碑。

在這裏值得一提的是，18世紀大清王朝耗費時間最長、耗資最大的金川戰爭，發生在四川阿壩藏族、羌族自治州境內。儘管我們在書上讀到過這段歷史，但對它仍然是非常陌生，當時的金川地帶不過百里，不足三萬人的邊緣部落，居然和強盛時期的清政府對抗十年之久，足讓清軍付出軍費上億兩，死傷幾萬人的慘重代價。

「物是人非風卷尺」。200多年過去了，清政府征剿大小金川，從四川帶回京城250多戰俘和家屬的史料，卻很少有人知道，這些納降過來的苗族後代（1777），至今還住在北京香山的門頭村，而且早期是一個營。至少，作者在沒有進行採訪之前，根本不知道這段歷史和曾發生過的事。

面對淵博的中國歷史，源遠流長的中國文化，如果沒有深度層次去觸摸到她的脈絡，在祖先面前，會感到多麼渺小和孤陋寡聞！作者現在才明白，之所謂淺陋、無知，是作者認為歷史是人為的學科，它的功與過，得與失都是人為鑄造，所以一直把它拒之門外，不願去認識它。直到如今，在親身接觸後才分辨出孰是孰非！

非常感謝蒼天，香山小居給作者安排了這樣一個機會，使之有興趣開始搜集並邀遊滿族文化其間，在作者生命的歷程裏又新

增添了一門學科。從而知道在北京城裏，還住著一批被清政府納降過來的苗族後代。今天和他們交談時，他們幾乎提到同樣的話題：我們究竟是什麼民族？我們的根究竟在哪裡？

> 「人事有代謝，往來成古今
> 江山留勝跡，我輩複登臨
> 水落魚梁淺，天寒夢澤深
> 羊公碑尚在，讀罷淚沾襟」

　　清史離我們已遙遠，它的當事人早已不在人世，這段往事想忘卻忘不了，至少它的後人是難以忘懷的。

2006年耶誕節

作者於馬德里「琴心苑」

目　次

滿族賢淑女──佟秀敏

時間：2006年5月3日
地點：北京香山北辛村
人物：佟秀敏
學歷：師範
年齡：95歲

佟秀敏

　　2005年夏天，作者在香山租房時，是佟秀敏老奶奶的兒子引著進了他家的院落，老宅院早已變得面目全非，四堵老牆塞得滿滿的，住了五家人。當她的兒子指著幾個平方米，空落落什麼都沒有，需要兩百元房租的房間，作者一下愣了。即便這樣，還是與佟秀敏老奶奶結下了緣。

　　佟秀敏真正進入筆下採訪，那是2006年春天，作者再次香山小住的日子裏才結識到這位老奶奶的。她每天至少有兩次到三次，在吃過早飯或是午睡以後到小胡同裏看看形色人群。夏天的傍晚會來到家門口那條小胡同裏坐坐，深情地注視著從她身邊流逝而過的人和事，但我們卻不知道她在想什麼。不過，行人路過此地就會看到這樣一位和藹的老奶奶安詳地坐在那裏，當你的視

線無意間和她目光相遇，那是一一副充滿睿智，富有愛意微笑的面容。

　　母親離開人世那年，我還不記事。清朝沒落之前，我的祖先一直在軍營裏從戎，後來由於戰亂繼而又中斷了與父親和家族的音信。我先被慈幼局收養，後來在慈善家熊希齡創辦的香山慈幼院上學，幾乎過著寡情的生活。所以，我對祖先甚至於父輩的歷史沒有多少印象，儘管一個多世紀所經歷的風風雨雨，歲月蹉跎已讓我們淡忘了許多往事。但早先那曾停留在記憶裏的一切，似乎與我們有著不可分割的聯繫，不過，每每這個時候，所問及到的人和事，我都非常平靜，除此之外，只要提到慈幼院的生活，以及組建家庭生兒育女後的生活，總會勾起我心中塵封已久的回憶，這時，每每我都會非常激動。

　　我是宣統退位第二年，即中華民國二年出生的（1912年），沒有趕上前清朝政的日子，兩歲那年母親就去世了。200年前，我祖先的老姓是伍彌特氏，從東北長白山入關北京的，按照20年為一代，從祖上到現在已有十幾代人了吧。當時的滿族皇室，幾乎有一半的人都姓佟，有人稱它為「佟半朝」。意思就是說，在朝廷裏半數的人啊都姓佟，可如今這個姓啊，已寥寥無幾咯。

　　我的祖先從小就當兵，射箭練功夫，人整個一生都從馬背上跑過來的。父親佟建明是正黃旗，光緒26年在騎兵

營當兵，正趕上了八國聯軍入侵北京的京師保衛戰，後來聽丈夫說，那戰啊打得真是兇猛，官兵將士們赤膊上陣，非常勇敢，無數旗人為國捐軀。

只知道母親娘家是南營鑲黃旗的，其餘的就什麼都不知道吶。滿族女子結婚不僅要順從丈夫，還有孝敬公婆。凡是老人健在，家中大事小事由不得媳婦出面，男人掌管著外面一切，他們從來是不進廚房的。那時滿漢不通婚，就連上黃旗也不允許娶下黃旗閨女。

香山腳下，旗人居住區域繁華昌盛，夜不閉戶，夜宵滿街皆是。那時，劉羅鍋，紀曉嵐都在清朝任職。葉氏拉那掌管政權，按先祖規律，女人是不能執政問朝廷的事。喔，這對我們旗人女子來說，還真不知道是榮還是辱？清朝政權至少是在那個垂簾聽政的女人手上敗陣下來的。清朝的消失，我們隨著沒有朝廷的俸祿，家境一落千丈。旗營裏那些老爺們生在皇城根下，個個關餉吃皇糧，過慣了飯來張口衣來伸手的依賴生活，想想看當時的日子是怎麼順心啊!?後來，這滿朝官兵眷屬的生計也被掐斷了，不得已只好和你們漢人爭飯碗，什麼都去學著做，真是一點辦法都沒有，人總要活下去吧？不得不去賺錢養家糊口。民國開始，一夜間多少八旗子弟沒了生活著落，生活來源只好靠挑水過活，那挑水的人比喝水的人還要多啊！到了冬天給大戶和有錢人家背煤。北京是平原，哪來那麼多煤窯？這你就不知道了。

那會咱上學時，從先生那裏就得知，郊區煤窯林立，不
然，北京城裏人那麼多，大冷的天咋辦？煤的需求量可
不是一筆小的數字。

作者查史料證實了佟秀敏老人所說的：據1762年（乾隆27
年）工部衙門的報告，北京西山和宛平、房山兩縣共有煤窯750
座，可采的煤窯有273座。

關於窯民的描寫。在中國古代文學史上關於煤礦工人的描
寫極為罕見，而在滿族詩歌中至少有兩篇可謂詳盡地反映煤礦工
人的詩，而具出自大家之手。一是英和的《煤窯民》，一是奕繪
《挖煤歎》。《煤窯民》描述了豎井設備與生產情況。在設備方
面，詩人重點指出：關係礦工「性命所托惟風輪（鼓風機）」。
因為「人在氣裏如魚在水，一息或離生理窮。」顯然煤礦工人
「自朝至暮伏岩穴，」是冒著生命危險的。但是日采千斤，「傭
直苦少力苦多」，勞動與報酬極不相稱。英和借此分配不平等大
發感慨。「彼亦人子何困極！多少清閒自在身，日日安居飫美
食。」此詩足可與白居易《賣炭翁》相媲美。

《挖煤歎》描寫礦工原始的生產過程。「入坳一簇人耶鬼？
頭上熒熒燈焰紫。木鞍壓背繩系腰，俯身出入人相尾。穴門逼狹
中能容，青灰石炭生其中。盤旋蟻穴人如蟲，移時駝背負煤出，
漆身椒眼頭蓬鬆。」對礦工如此艱苦，窯主坐享其成，奕繪大感
不滿。「深憐此輩苦，因令童僕前，轉責煤窯主，汝坐享其利，

視彼陷網罟。人無惻隱心，何以為人父！」窯主立刻把錢分給礦工，讓礦工去歇晌。可是礦工得錢後，買酒肉，大吃大喝，而後「聚伴群相睹」。奕繪不禁慨歎。清代礦工多是沒有土地、家小的無產者，詩中反映的無長遠打算，精神生活空虛和愚昧，也是實情。

　　清政府的垮臺，可真苦了那些大小官宦，不過餓死的駱駝比馬大。最苦的還是老百姓，手上有點積蓄的，置個小買賣，有手藝的靠手藝維生，什麼都沒有的就靠種點山坡地吃飯。

　　就這樣，八旗後人在各個行道裏為生計打滾，貧困的大多居住在北京海澱區以外的西山腳下、現有保存下來的地盤，正白旗、紅旗村、火器營、正藍旗、鑲藍旗、哨子營、也正是當年滿族旗營的所在地。貴族階級都住在京城裏去了。

　　老北京，沒有人不知道慈幼院的，它的前身是北京慈幼局，在1917年開辦一年後結束。這是熊希齡先生在香山創辦的一所學校，專門救濟無家可歸的孤兒難童，受災地區嗷嗷代哺的孩子，特別是北京城內外貧苦的旗民子弟，以便把他們統統招收進來一同受教育，日後進入社會能自給自足去生活。

北京香山慈幼院是中國近代史上教育的先鋒，原中國第一總理院長熊希齡為教育嘔心瀝血，而副院長施今墨為一代名醫，院理事眾多，如李大釗、胡適、顧兆麟、張伯苓、雷潔瓊、康克清、謝冰心等一批社會知名人士，都曾先後出任慈幼院董事會董事，要想瞭解慈幼院，首先要知道熊希齡先生，他是中國近代史上很有影響的著名人物。他的祖輩「三代皆隸軍籍」，出生於晚清軍人家庭。他勤奮好學，少有大志，十二歲中秀才，二十四歲成進士，早年投入維新變法運動。他積極參與倡立憲、興教育、創實業、立財政、辦鹽運等，而且多著成效。辛亥革命後，他實現了從主張立憲到擁戴共和的轉變。袁世凱竊據臨時大總統後，他在國務總理康紹儀手下任財政總長，1913年7月他被袁世凱任命為國務總理，後因袁世凱復辟，熊希齡辭職。之後，他看透政治的黑暗，權勢的卑鄙，商人的自私和貪婪，後半生全心投入到了教育。

「老吾老以及人之老，幼吾幼以及人之幼。」熊希齡先生倡導的愛老攜幼，正是他自己行為的表率，人生最有意義的就是，為人民服務。富者應該為貧者服務，強者應該為弱者服務，智者應該為愚者服務。自古到今，這是思想者們歷來所提倡的。

熊希齡與同僚

兒童戶外活動

有組織計劃之課程。

（二）教學：採用設計教學法，利用環境之接觸，引起兒童興趣與研究之...。教師每月均規定設計程序、用音樂、遊戲、故事、遊戲...以取得由他...

（三）訓育...、互助之精神...舉行兒童問題...討論...界題...其...行為。

兒童飲食均...

（三）保...

北京香山慈幼院院史
趙恆惕題

我仍然記得，熊希齡先生組織的「童子軍」，高年級的學生穿著統一的服裝，佩帶軍帽、全副武裝在校園內操練，並拉出去野營，令低年級的學生們羨慕不已。那時，我還小沒能一塊參加野營，但是我目睹了那充滿青春活潑的畫面。

　　好好讀書，好好勞動，好好圖自立。
　　大哉本院香山之下，規模真無比！
　　重職業，自食其力，精勤莫荒嬉。
　　好兄弟，好姊妹，少年須愛惜！

　　我很喜歡唱慈幼院的院歌，那時每唱起來就非常興奮。別看我們都是女孩兒，我們也是按照歌中內容去做的。
　　香山慈幼院是我的家，沒有她就沒有我的今天，對它的感情遠遠超過了我再生的父母。這得感謝那些擅長施之教育的人。想想看，那個動亂的年代，有人給你提供一個生活居住學習的地方，是多麼不容易，這是修德啊！不僅如此，還教我們做人：「勤、謙、儉、恕、仁、義、公、平。」
　　當時，社會動亂，民不聊生，苦不堪言啊！慈幼院不少學生生病死亡，就埋在香山小學南山坡上，稱為學生墳，每座小墳頭上立有簡略的碑文，占地一、二畝，年代已久，石碑沒了，墳地也沒了。我們住在學校，每早起來

就能聽見鬼哭狼嚎，下晚自習老師手裏掂著大刀，護送我
們回到小家庭的住所。慈幼院大約有十幾個班級，上千名
學生，有時遇到什麼天災人禍，住進來的人還要多。當
時，真得有點像避難所，廁所間、教室統統住滿了人。食
堂很大，可容納所有學生。一日三餐，鐘聲敲響三次，學
生窩蜂式擁入食堂，在五分鐘到十分鐘之內就餐完畢。

　　後期的慈幼院，已走出早先純公益辦學，對家境優越
好的學生，實行收費制。學校對學生劃分為正生，這些學
生是由慈幼院機構贊助的。副生要交學雜費，生活費，
在上述學生中又分住讀和走讀兩種。當時，慈幼院開辦了
勤公儉學，養蜂廠、鉛筆廠、鐵工廠、養牛廠、消防隊，
還有穿戴黑色衣帽的門衛，他們終日守護著大門，不允許
學生外出。因為學生走失，他們要負責任的。家長來院探
視，富裕者開車來，坐黃包車，反之步行來。

　　我依稀還記得，慈幼院有足球場兩個，籃球場兩個，
有一個室內體育場，當時都叫它風雨操場。還有一個音樂
教室，配置有鋼琴，離熊希齡先生住宅樓很近。一個樓
一個傭人，負責樓裏衛生，管孩子有專門老師，一個村一
個。校園有園藝工，園內休整像花園一樣，什麼花都有。

　　1925年春天，偉大的革命先行者孫中山先生病逝，遺
體移香山碧雲寺，暫厝於金剛寶座塔前。1929年5月底，先
生遺體從北平香山移親南下至南京紫金山中山陵，這一年
我剛好師範畢業。在通往靈堂的路上，白花紮成的牌坊，

佈置得莊嚴肅穆。香山碧雲寺各院門搭起的牌樓掛滿了挽聯。前往憑弔的團體和個人絡繹不絕。沿途街道兩旁，群眾肅立遠送；靈車過處，眾人都脫帽行禮。但是聽不到一點喧囂的聲音，街面牆頭上站滿了持槍的兵，我們學校組織了一千多人，前往現場瞻望，只聽見喪喪腳步聲由遠而近，那場面非常隆重。靈車一開過來，我們看見宋氏姐妹，小舅財政部副部長宋子文都來了，姐妹們都穿著白黑兩色略帶小花的旗袍。那送葬的隊伍長達好幾公里，我們目送著美齡和蔣介石坐在汽車裏，從煤廠街離開了香山。

我一直念到師範畢業，19歲那年結婚，丈夫李殿中廣東人，是老北京朝陽大學法律系畢業的高才生。隨同丈夫去了寧夏，他在平樂縣法學院當院長，我在銀川教過小學、每個課時三毛錢，教中學每個課時三塊錢。後來丈夫得癌症去世，我不得不帶著孩子回到北京香山，以種地為生。

可惜啊！1937年7月7日盧溝橋事變爆發，香山慈幼院被迫停課，日本人侵佔香山後，把我們的學校操場當成了訓練場，校舍遭到極大的破壞，眼前呈現的是一片廢墟。

試想，到後來的日子是怎樣走過來的。國民黨抓壯丁，有錢人花錢免丁，無錢人被抓走。無奈之下，兒子13歲那年，也跟著父親背煤，差點被砸死在煤窯裏。那日子真難熬啊！美國救濟總署撥給的奶粉、麵粉、那麵粉精細得擀不起麵條，一擀就梭回去，精白度太高了。

我丈夫李殿中，1972年去世。我這一生，經歷了幾個不同時期的朝政，所見所聞記起來的記不起來的都沒有用了，苦難歲月都過去了，到了這個時候，還能過上幾天太平日子？也算是不幸中的萬幸啦！族裏我這把歲數的人恐怕不多，我也快走到盡頭了。

2007年7月21日，作者往返西班牙在北京登機停留時間裏，再次上門拜訪了佟秀敏老奶奶時，她已病倒床上，健康情況明顯低於往年，睜著微弱的雙眼對作者打著招呼，未想到這是作者與佟老奶奶最後的訣別。

9月2日一早，作者在地中海撥通北京香山佟老奶奶家的電話，是她兒子接聽的，得到不幸的消息：8月12日佟秀敏老奶奶終於永遠離開了這個世界。

一年前作者在佟老奶奶堂屋前為老人拍攝的照片，永遠定格在北京香山那條窄小的胡同裏……

祖父留下的「虎符」牌——那世儒

時間：2006年5月5日
地點：香山北正黃旗
人物：那世儒
學歷：兩年私塾／初中畢業
年齡：75歲
民族：滿族

那世儒

　　這裏曾是清政府的軍營，發放俸祿的「印房」也在此地。歷史遺留下來的城牆，一左一右對稱的古碉廢墟就像滄桑的老人，孤單聳立在那兒。過去沸騰喧鬧的畫面，隨著歲月的流逝蕩然無存，現今破舊不堪的小街小巷遮掩了早先整排的六條胡同。村民私自蓋上的房子，不成規矩的立在村莊裏。

　　那世儒老人住在乾隆和嘉慶年間留下來的第一條胡同頭上，那彎彎曲曲，高低不平，坑坑窪窪的地面堆滿了雜物。主人還沒有來得及打開大門，院裏兩條大狗汪汪地叫個不停，入內，狗已被主人圈了起來。我遵從女主人換了鞋，這是我在北京旗人家裏惟一見到的讓客人進門脫鞋的戶主。果然，室內儘管簡樸，但是佈置得井井有條乾淨。不過，已見不到旗人曾生活過並且留下來的一點裝飾。

虎符

女主人讓坐端茶，男主人連忙從西廂房裏抱出一大摞介紹滿族文化叢書，這也是我在香山幾十人採訪中，見到主人收藏家族書籍最多的人。不難看出，老人非常有心在追憶歷史，獨自享受著祖先曾輝煌過的史跡。

　　曾祖父記不清了，祖先老姓琿珬那拉，這是清朝四個支派之一那姓的一個支系，是隨從三萬清旗從東北琿珬河進京的。早先聽爺爺說，這個地名受漢人影響，在曾祖父以前就變了。

　　其他三個派系是葉赫那拉，那可是皇親國戚的姓。另兩派系，烏拉那拉，哈達那拉在清朝曾立過戰功的。我祖父叫那明志，是清旗兵，滿族人居住的地盤打仗時是兵營，不打仗時是住宅地，就拿現在的話來說是建設兵團。二爺爺那明泉，號建之，曾經擔任過滿族郵房的總管。清朝的戶部主管國家戶籍、田畝、貨幣、各種賦稅、官員俸祿，大體相當於現代的農業部和財政部。在當時，也可算不錯的家境了，可二爺爺一生無後。就現在香山金源大酒店域內朝南角6分地就是我們那家的墳，那裏有12間房是二爺爺的私宅。

辛亥革命是本世紀初震撼世界的大事件，知識份子是這場歷史巨變的主導力量。資產階級革命派掀起的排滿思潮，毫不含糊地擁護維新思潮，清朝後代流離失所在外，大多都改了姓，目的是為了緩解民族仇恨。

　　我家改寫為「關」姓。民國以後，父親那錫忠，伯父那錫瑞在英國人巴立地（譯音）負責的郵政局工作，每月60塊大洋，我們家境相比之下優越些，月月有進項。抗戰時期社會動亂，我們險些遭遇了綁票。父親在文化大革命後期去世那年76歲。

　　父親在世時總是對我們提起祖先的事，清軍入關後，很快就在京城建立了旗營，並且嚴格按照家族分別編制。當時有滿洲八旗、蒙古八旗和漢軍八旗、兵員大約有二十多萬人，其中以滿洲八旗為主力。八旗兵仍舊採取世襲兵制，在年滿16歲以上的八旗子弟中挑選旗兵。按照當時規矩，男孩子一落地便是兵，到了十周歲一般地講就會補上養育費，一月發一兩五錢銀子。然後養育兵到了一定年齡就要比騎馬射箭，按照兵額數目吸收，合格者成為委前鋒。這個男丁就是正式兵員了，每月發放三兩銀子。委前鋒再經過考試，便成為前鋒。

　　要想瞭解前清，首先要知道八旗。八旗兵在清初是以鑲黃、正黃、正白、鑲白、正紅、鑲紅、正藍、鑲藍等八色旗幟進行編制的部落武裝。入關以後，雖仍沿用以旗統兵的傳統建制，但隨著統一的清朝政權的建立，八旗兵分為「禁旅八旗」和「駐防八旗」兩種，直屬於國家而不再歸旗主私有。

　　八旗分為上三旗，下五旗。上三旗：指的是正黃旗、鑲黃旗、正白旗，統一由清朝皇帝掌管，皇帝也是這三個旗的直接領

主，因此這三個旗的地位最為顯赫。下五旗：指的是鑲白旗、正紅旗、鑲紅旗、正藍旗、鑲藍旗。

滿洲八旗有著特殊地位和作用，八旗兵無論裝備、政治待遇和兵餉，都優越於綠營兵。綠營中的重要官職也都規定為滿官。各地駐防的旗營兵要受駐防八旗的監視和控制。綠營的裝備和訓練不如八旗兵，糧餉不及八旗兵的三分之一。

「營」是駐軍的地方。「旗」是清代努爾哈赤起兵時，創立兵農合一，軍政合一的聯合體。清廷把這些駐紮軍的地方稱為「旗營」。

「出則為兵，入則為民，耕戰二事，未嘗偏廢」。各旗在自己的佐領領導下，平時生產，戰時打仗。

目前，就我們這個營，居住北正黃旗只有五家姓：那、米、佟、趙、寧。我家在1946年回到香山後才改回原姓。黃曆早翻過去了，這裏的八旗人要被歷史遺忘吶！

他至今保存著祖父曾留下的「虎符」牌。那上儒老人頗有些神秘，從西廂房拿出一塊全長9.5釐米，高4.4釐米，厚0.7釐米黃銅牌，只見上面刻著虎神營振靖正黃二隊第九五炮兵第八十七名字樣。那是朝廷為臣將發放的生死牌，一塊在朝廷手裏，一塊在主人手裏。這塊「虎符」在文化大革命幾曾失落，最終又失而復得，它在現實社會已經沒有多大意義，但對旗人的後代來說，那寓意可不是一般了。它畢竟記載了前清，記載了我們這個家族曾

擁有的一段歷史。

　　那士儒老人博覽群書，知古達今。講起歷史來，就像背天書一樣，想把腦子裏存放大半個世紀的人和事，全都背出來。為了求證這段歷史，作者不得不跑遍京城書店，到處搜尋有關老人提到過的歷史片斷。

　　據史跡記載：虎符是中國古代重要的信使憑證，為國家或地方官府頒授，是中央朝廷任用官吏、徵調軍隊和傳達命令的重要信物。符主要有虎符和魚符兩種。唐宋時尚見個別龜符、牛符、麟符等。符，《說文》所謂「分而相合」者也。完整的符由兩半組成，一半在中央，另一半在地方將領和官員處。朝廷欲發兵，乃遣朝廷之半符與將領之半符相合，將領方可按指令調動兵馬。可眼前那士儒老人拿出的「虎符」牌為什麼那麼單薄小而輕？

　　認識「虎符」的重要性，是不久我剛剛看過的電視劇《漢武大帝》，劇情中有一集演到大將軍衛青為阻止匈奴偷襲、解救漢武帝的危難，拿出虎符調動皇帝衛戍部隊，演繹了一場驚心動魄的戰役。電視中衛青以虎符調兵抗擊匈奴，史書上並無記載，當為文學演繹。

　　其實，這種演繹多有先例，應該說以羅貫中演繹得最好：《三國演義》第五十一回中，曹操因赤壁之戰兵敗北退，諸葛亮則趁南郡空虛，命趙雲奪城成功，並且俘獲守將陳矯，取得虎符，然後以此虎符詐調荊州守軍出救南郡，趁勢又由張飛襲取了荊州，接著再用同樣的方法調出襄陽守軍，乘機由關羽襲取了襄陽。諸葛亮僅憑一個小小的虎符，便將曹兵調開，兵不血刃就奪

取了幾處城池，而耗費許多錢糧、兵馬的周瑜卻一無所獲，他如何不生氣？由此也可見當時虎符作用之大。

史書記載有關虎符的故事以信陵君「竊符救趙」最為有名。西元前257年，秦軍進攻趙國，兵臨邯鄲城下，趙國求救於魏楚兩國，魏國派大將晉鄙率軍10萬救趙。這時秦國向魏國施加壓力，魏王屈服，令晉鄙按兵不動。趙國相國見魏不肯進兵，就寫了一封告急信給魏國相國信陵君魏無忌，信陵君通過魏王妃子如姬的幫助，盜出魏王親自掌握的半個虎符，假傳王命，擊殺晉鄙，奪得兵權，然後率兵八萬，會同楚軍一起救趙，遂解邯鄲之圍。

虎符最早出現於春秋戰國時期，現存最早的虎符實物，是1973年在西安郊區北沉村出土的杜（杜為地名，秦時杜縣）虎符，上有銘文說：「兵甲之符，右在君，左在杜。凡興兵被甲，用兵五十人以上，必會君符，乃敢行之。燧之事，雖毋會符，行。」當時用兵時，五十人以上，必須出示會符。但如遇烽火，不用合符，也可以用兵。現藏中國歷史博物館的「陽陵虎符」出土於我山東省棗莊，這是秦始皇統一中國後頒發給陽陵駐守將領的虎符，上有錯金銘文「甲兵之符，右在皇帝，左在陽陵」。因為虎符是發兵之物，貴在謹慎嚴密，所以虎符多做得短小而易於藏匿。從漢朝開始至隋朝，虎符均為銅質，騎縫刻銘以右為尊。隋朝時改為麟符。唐朝因為諱虎，改用魚符或兔符，後來又改用龜符。南宋時恢復使用虎符。元朝則用虎頭牌，後世演變為銅牌。

印房舊址

官宦之家——寧海

時間：2006年5月5日
地點：北京香山北正黃旗
人物：寧海
學歷：小學
年齡：72歲
民族：滿族

　　寧海先生的祖父前兩代曾在滿族政府勝有過重要的官銜，也是作者在香山採訪期間，結識到在清朝政府官銜最高的八旗後人。

　　當作者走進寧海老人的靜馨苑家宅，其建築和居住環境是這一帶最寬敞最精緻的。從老人氣質看上去，多少還可見旗人曾一度賓士馬背的雄健和魁梧。

　　　我祖先從長白山甯古塔隨清朝政府來京，是武官（中堂）相當於現在的國防部長，劉羅鍋也是中堂。

　　　曾祖父戰死在外蒙疆場，被敵人砍了腦袋瓜子，屍體運回京城，乾隆皇帝為他安上一副金腦袋，葬在海澱區下清河公墓裏。那可是皇陵，圍牆高聳，三百多年的松樹伴隨著那些亡靈，由專職的旗裏人看護，守墓人在解放後受

到株連劃為地主。50年代我去過那裏，還能緬懷祖先燒上
一把紙錢。如今，大半個世紀過去了，早已被盜墓人洗竊
一空，面目全非什麼都沒有了。祖父前三代，家境不錯非
常旺盛，祖父叫甯春明，私塾畢業，1953年去世。父親甯
國溪，打小就生活在軍閥混亂的年月裏，曾在張作霖手下
當兵，後任過排長，1934年以後在偽政府當過員警，解放
以後仍然是員警，1979年去世。

　　打小跟著爺爺常去團城嬉玩，總會看見爺爺獨自沉
思那裏。是啊，我的家族歷經了滿族的興衰，同時也見
證了健銳營曾不可一世的輝煌。談起健銳營，首先想到
的就是平定大小金川戰役。健銳營始建於乾隆13年（1748
年）是清王朝駐京師八旗一支精悍的特種部隊，在清史中
的地位也是相當重要的，清高宗對健銳營非常重視。建
史以來，遠征邊關平定叛亂作戰無數，其參與了抗戰八
國聯軍的戰役，在面對強大的對手，毫不氣餒，奮勇作
戰，為清史寫下了可歌可泣的一幕。當年，健銳營士兵轉
戰萬里，為保衛國家領土完整，消滅分裂割據勢力，立
下了不朽的歷史功績。團城演武廳就是乾隆皇帝閱兵的
場所。

　　團城演武廳，它位於峰巒連綿、風景秀麗的香山南嶺，是北
京僅有的城池、殿宇、亭台、較場混為一體的武備建築群。注視
眼前健銳營將士「八卦式」的陣營圖，仿佛看見清高宗威風凜然

站在閱兵樓下，檢閱著他的將領兵士，揮手之間開發疆場。在這裏張揚著民族的血性，再現了一個強悍的狼圖騰文化。

不是旗人，或者是沒有深入歷史的人，他們是不太知道大小金川的事。1747之後的兩年，大金川土司妄圖吞併小金川，四川總督慶複，雲貴總督張廣泗和大學士訥親先後統帥，動用幾萬大軍，兩千萬兩軍餉，對大金川用兵制止其擴張，都是屢戰屢敗，乾隆帝盛怒之下，殺了這三位統帥，但戰局仍毫無氣色。清廷無奈，只得言和，大金川名義上稱臣納貢，受朝廷約束，清政府保全了面子，大金川則保存了實力和影響。這種暫時的妥協並沒有解決問題，乾隆36年至41年（1772-1777年），第二次金川戰爭爆發。清軍先後投入兵力六十七萬，軍費七千萬兩，經過無數的慘敗，兵士死亡不計其數，統帥殉身。最後又改派付恒為主帥，繞開金川古碉，直搗沙羅奔老窩，斷其糧道迫使莎羅奔乞降，終於平定了大金川。

為了維護少數民族地區的安定，防禦外來侵略，清政府在東北，外蒙古和西北邊境，設置一系列軍事哨所，名為「卡倫」。平定金川以後，清朝政府又派兵平剿西北、西藏叛匪，反擊內外蒙入侵者。我曾祖父就在清剿大小金川戰役結束以後，親臨疆場指揮最後戰死在外蒙。在健銳營出生入死的66名將領中，我不敢妄自菲薄斷定我曾祖父就是其中之一，但曾祖父屍體運回北京，得到清朝政府最高榮譽的葬禮，這在朝廷功勞薄裏都是有記載的。我小時候，時常聽

見家人和旗營裏的人講起八旗官兵作戰起來都是勇猛不怕死。其實,健銳營的官兵家中每人都有一難忘的故事,個個故事都是驚心動魄。德楞泰就是健銳營八旗前鋒中最出名的將軍,他的一生幾乎都是在戰爭中度過的,死後被皇帝親臨奠祭,命入昭忠祠。最慘的是光緒26年八國聯軍攻入北平,正藍旗參戰的將士,僅僅回來一個人,整個旗全軍覆沒。正藍旗營裏幾乎沒有人,一片荒涼,一片廢墟,剩下的孤兒寡母,飄零四散,不得不投親靠友,自謀生計。就拿正黃旗營來說,解放後就剩下七戶人家。

中國疆域從來就沒有平息過。18世紀中葉,沙俄侵略中亞,蠶食我國領土,向中國清政府伊犁將軍所管轄的巴爾喀什湖以東以南的廣大地區擴張。1864年－1884年間,強迫清政府簽訂了《中俄勘分西北界約紀》等不平等條約,吞併了我國西部巴爾喀什湖以東以南44萬平方公里領土。還要實行「人隨地歸」的原則,遭到哈薩克族和各族人民的堅決反對,表示了「眾民隨地劃歸俄轄,雖死不從」的堅定立場,紛紛投歸祖國。1864年,遊牧於齋桑湖一帶的克烈等十餘部落,遷移到阿勒泰山以南遊牧。1883年又有哈薩克族3000餘戶遷入伊犁和博爾塔拉一帶,表現了哈薩克族與祖國的血肉關係。

疆域之戰,真實記載了哈薩克歷史上功勳卓著的英雄人物物之——阿布賚,他是中華民族歷史上的民族英雄,也是18世紀中亞歷史上最出名的人物之一。他為哈薩克汗國「可汗」的50年中,在

困境裏挽救了哈薩克族的危亡，抗擊了準噶爾貴族的入侵掠奪，直到把他們全部趕出哈薩克草原。他旗幟鮮明地團結哈薩克人民，英勇無畏地抗擊沙俄侵略者，不為一切威逼利誘所動搖，保衛了哈薩克汗國的土地和人民，保衛了祖國神聖邊疆、維護了祖國的統一，贏得了哈薩克人民和各族人民的尊敬。因而哈薩克各部人民把「阿布賚」當作全民族的口號，阿布賚成為哈薩克族的一面旗幟。

虎神營裏流傳著一個真實的故事。

在北京市中山公園大門，可看到一座高大的石牌坊赫然而立，上面寫著「保衛和平」四個大字。老北京稍許上了點歲數的人對這座牌坊的來歷都鮮為人知。這座牌坊原來曾是一段國恥的見證。

據《燕都叢考》、《庚子雜記》等史書記載，這座牌坊建於1901年，原位於東單總布胡同西口，名為克林德碑。克林德是德國駐華公使。1900年6月14日，克林德在北京內城城牆上曾下令槍殺義和團團民約20人。6月17日，八國聯軍攻陷大沽、大津後，繼續向北京進犯。6月20日，克林德乘轎赴清政府總理各國事務衙門，途經東單牌樓時，又開槍尋釁，被清軍虎神營士兵恩海擊斃。1901年，根據屈辱的《辛丑合約》，清政府派醇親王赴德賠禮道歉，並在東單牌樓修建克林德牌坊向侵略者「謝罪」。

1918年11月，德國在第一次世界大戰中戰敗，北京人民將牌坊拆除，遷至中央公園（今中山公園），改為「公理戰勝」牌。而在遊客眼中，它也只不過是公園內的一座普通建築，很少有人瞭解它深刻的歷史內涵，在這座牌坊背後隱藏的屈辱歷史，記載著國恥的建築正逐漸被歲月的長河慢慢湮沒。

北京團城（滿族兵營操練場）

戰爭改變了她的信仰——吳素芝

時間：2006年5月6日
地點：北京香山一棵松29號
人物：吳素芝
學歷：私塾
年齡：94歲
民族：蒙古

吳素芝

　　她少女時代生活在蒙古包裏，長大嫁人後隨了滿族。從吳素芝老婆婆臉輪廓看上去，蒙古人的特徵非常明顯，寬大的盤子臉，高高的個頭，大腳板子。蒙滿兩族自幼不裹腳，這與她們自小就與男孩子一起學習騎馬射箭，長大後幫助丈夫漁獵耕作、甚至要隨軍征戰的生活方式有密切的關係。

　　如果說女子在閨閣中依附娘家，出閣以後隨同夫家，又是什麼原因致使她改變信念。而且毅然放棄祖先薩滿教，卻追求的是十六世紀從西方傳到中國的基督信仰，竟然還是一個虔誠得不能再虔誠的基督信徒。聯想起來，文中主人翁無論怎樣和耶穌都沾

不上邊的，可作者兩次登門造訪，從斷斷續續的採訪中，老人嘴
裏始終沒有離開過對基督的崇拜。

　　儒家的鼻祖──孔子，是傳統封建文化的象徵，歷代清朝皇
帝都尊老祭孔。老祖宗們是想不到，子孫後代不僅背叛了他們的信
仰，竟然朝拜起「異端」宗教來。要知道，她所出生的社會背景以
及受到的家庭影響，與中國傳統文化有著密切不可分隔的聯繫。

　　滿蒙通婚，最早原始於萬曆47年（1612），努爾哈赤首先
考慮與科爾沁聯盟，以分化蒙古察哈爾的勢力，為將來與明王朝
相爭消除後患。以至達到這個目的，在迎娶科爾沁明王女之後，
努爾哈赤繼續推動滿蒙聯姻，而形成了第一次蒙古諸部聯姻的
高潮。

　　到皇太極時期，更是將政治聯姻的作用發揮到了及至。在皇
太極的九位後妃中，有六位是蒙古後妃，而且所立五宮皇后全是
蒙古女子。這樣，民間普通滿蒙通婚自是受到皇室影響，滿蒙嫁
娶已是習以為常。

　　　　我母親是蒙古族，蒙古族裏也分內蒙，外蒙。父親
　　和丈夫家是滿族，那拉氏的姓，老家是東北黑河的。曾
　　祖父戰死疆場，曾祖母二十九歲就守活寡，戰爭年代死
　　去多少將士，就遺留下多少孤兒寡母。
　　　　姥爺在前清是當兵的，光緒二十六年，民國1900年
　　（庚子年），八國聯軍從天津打到了北京城。8月14日，
　　太后老佛爺見大勢不妙，帶著光緒帝和一批王公貴族，化

裝逃出了北京，避禍到了陝西。姥爺就是其中一員將領。八國聯軍佔領北京縱橫肆虐，清朝政府拉開一場保衛京師大戰。

父親當年入朝當了軍人，還未來得及拿到清朝廷頒佈的牌令「虎符」，清朝就沒落了。後又隨袁世凱在16師9連當連長，參與了推翻清王朝事變。今個的年輕人有幾個懂得什麼是虎符，它是古代帝王授予臣屬兵權和調動軍隊所用的憑證。虎符能分成左右兩半，用兵時，左一半交給帶兵的將帥，右一半由國君保存。要調動軍隊時，國君將右一半交給差遣的將領拿去和帶兵將帥手中的左一半扣合，符合完整表示命令驗證可信，方有權調動軍隊。父親進入民國也當兵，從此，家境一落千丈，苦不堪言。

父親活著時，常給我們講些老祖宗的事，最津津樂道的就是：西元1861年8月，咸豐皇帝病死在承德避暑山莊。臨死前，他把皇帝的寶座傳給六歲的兒子載淳。這個老皇帝心裏清楚，六歲的孩子是無法掌管國家政權的。他把八位最親信的大臣召到病榻前，臨終托孤。咸豐皇帝怕他死後，他的懿貴妃，就是後來的慈禧太后鬧事，就把權力分散給顧命八大臣。肅順為首的八大臣預感到西太后會陰謀奪權。為了鞏固他們的地位和既得利益，採取了一系列措施。其中很重要的一條，就是搶先建元年號，就用「祺祥」這兩個字，並且下令鑄造「祺祥通寶」。當時鑄造的數量很少。八大臣準備第二年小皇帝登基時，以這種

錢為母本，在全國各省鑄造發行。可惜肅順等人低估了
西太后的能力，八大臣被抓入獄。歷史上稱為「辛酉政
變」。慈禧太后收拾了顧命八大臣後，定年號為同治。
「祺祥通寶」就成了亂臣賊子們搞叛亂的罪證，被下令銷
毀了。

在我生命近一個世紀裏，由於女兒身，是沒有機會
親臨疆場，但從祖先那裏知道不少關於戰爭，給我們蒙
滿族人帶來的犧牲和流血。我也親眼目睹了戰爭把一個
個鮮活活的生命，在瞬間消失世上，留下的更多是苦
難，家破人亡。政治鼎盛到衰亡，權勢升天到沒落，僅
僅是一個時間的問題。無論哪個宗教，都不能扭轉人性
的貪婪，棄置掠奪。經歷過清政時代，看過這段歷史的
人，尤其是旗人後裔在清政府沒落之後，生活在水深火
熱的記憶真是刻苦銘心始終揮之不去。那種淒涼，痛苦
不堪的遭遇，早已鑄造在我們靈魂中。

人一經有了信仰，如果沒有遇到什麼特殊的事，他
是不會輕易改變自己信仰的。上面提到過的清政府，民
國時期，老百姓所遭受到的苦難，大看國家，小看家
庭，哪家沒有一本血淚帳？父親沒有文化，老實憨厚，
無多的話，只知道幹活。每天早晨從香山騎自行車往返
一百多公里路程把牛奶送到北京火車站，在我的記憶
裏，父親壓根就沒有睡過囫圇覺，四十九歲那年得肺癆
死了。為了找個出路，我十九歲就嫁人，沒有辦法啊，

不然那麼小不會出嫁的。辛酸的日子啊！我丈夫那錫貴，二十多歲承擔了整個家庭的重擔，養牛羊，養蜂，和丈夫早先好不容易置辦了點家產，入社那年幾十間房子和三十畝地全部充公了。「四清」被定為資本家兼高利貸者。文化大革命挨打批鬥，戴高帽、遊街，兒子被開除教師工職，兒媳和兒子離了婚，一家人吃盡了人間的苦。我丈夫的兄弟那錫忠被逼死，兄弟媳婦自殺。儘管八〇年代落實政策平了反，早期自己的財產什麼都沒有落下，土地承包制得到的十畝地，後來已被強買了去，僅僅拿到一萬人民幣。

當你看透政治的卑鄙，權勢的黑暗，在尋找不到新的希望和寄託時，宗教信仰成了我們惟一的精神支撐。

我們這一代人是從古老文化，原始部落走出來的，無論怎樣與基督上帝都是沾不上邊的。可基督對我的影響，遠遠超過了所受過的本民族傳統教育。是什麼原因，促使自己跨出如此大的幅度，去接受一個和自己民族、文化無關異邦的宗教？我的祖先長期以漁撈采獵為業，在他們的薩滿教信仰中，所蘊積的有關禽獸、神、樹、星辰等自然崇拜，到狼圖騰文化的崛起。以犬為祖，信奉這一古老信仰，從沒有動搖過。

耶穌思想的中心，體現於「盡己愛上帝」及「愛人如己」上。根據基督教福音書的記載，耶穌出來傳道，宣講天國的福

音，勸人悔改，轉離惡行。他的教訓和所行的神跡，在民眾中得到極大的回應。這使得羅馬帝國下的祭司團大受影響，深深感到自己地位不保，所以要把他除之而後快。後來由於門徒猶大告密，羅馬帝國駐猶太的總督彼拉多將耶穌逮捕。耶穌受盡打罵侮辱，最後被釘在十字架上而死。基督教對此解釋為耶穌的心意卻是為了要贖世人的罪，甘願流出自己的血。

　　一個敢於犧牲自己，為民眾福利的大無畏精神使那些政客、戰爭販子們感到汗顏。回首歷史，有幾多人勇於站出來，拋棄個人得失，去捍衛真理和正義。人類沒有信仰是很可怕的，正如人沒了信仰就好像沒了靈魂一樣，一個國家沒了信仰就好像沒了堅實的根基一樣。

　　　　說起信仰，毛主席在世的時候，儘管百姓盲目崇拜他老人家，把他視為偶像。在這裏我講點真心話，毛主席比前清政府要好，女人翻身做主有了工作，有了權利，敢於和男人一比高低成為中國的半邊天，從舊社會走過來的人，感觸是很深的。

　　吳素芝老婆婆一經談起信仰，提到耶穌來，她就會情不自禁唱起讚美詩，只見她眼裏閃爍著虔誠的光芒。是啊，人生經歷過的事太多了，紮根內心世界沒有什麼能比得上信仰更來得根深蒂固了。

我真相信／我特相信／耶穌為我受害／被釘在十字架／為我們受苦／我雖然報不了神的愛／但我記著神的愛／我子子孫孫／活在神裏／讓他們報神的恩！

我姓愛新覺羅──愛新覺羅・朝奎

時間：2006年5月8日

地點：北京香上正紅旗

人物：愛新覺羅・朝奎

學歷：私塾

年齡：80

籍貫：滿族

　　這是一處不起眼的老宅小院，如果不是自由採訪，作者是很難走進這樣一個滿族家庭，獲得真實的文本，見到一個真實的怪人。東西廂房屋裏是黑不溜秋，一張土炕，另一間放著大衣櫥，表面上幾乎看不到一件值錢的東西。作者花了大量時間，多次走進多次受阻。如果不是堅持，是很難採訪到文中主人翁的。

　　5月的北京，還不是很熱，第一次到最後一次見到老人，敞露著紫銅色厚重的脊背，赤著膀子。一條黑色的大擋褲，腰間系白色，與早期北方農村老爺子們穿的那種大襠褲一模一樣，腳上穿的是雙皮鞋也是皺巴巴髒兮兮的。就這樣一個「爺們」，似乎還沉睡在昨天大清帝國的夢裏，沒有完全醒過來。無論熟人還是陌生人，他在你眼前無時不擺顯著一副落魄王爺的架子來。

現代滿族姓氏的轉變，歷史上的八大姓是佟佳氏、瓜爾佳氏、馬佳氏、索綽絡氏、祁佳氏、富察氏、那拉氏、鈕祜祿氏。到辛亥革命以後，滿族人都冠以漢字姓了。

現代滿族的姓氏從歷史上的八大姓基本冠以漢字姓為：佟、關、馬、索、齊、富、那、郎。除了八大姓之外還有西林覺羅氏、伊爾根覺羅氏，郭洛羅氏等等，當然最尊貴的姓氏要數愛新覺羅氏，後改姓金了，我們家是正紅旗，祖先是純粹的滿族，姓愛新覺羅氏就姓得嚇你一跳，正紅旗裏與愛新覺羅與葉拉娜氏都是滿族中的貴族大姓，漢化的姓氏為「金」。

我為什麼要改名字？打從娘胎裏出來，我的名字就叫愛新覺羅‧朝奎‧滿族，其實哪有這麼多？個別漢族人太勢利，你問為什麼？去看看輩份上，你就明白了。

作者根據網上查找資料：當年成立滿族自治縣，按規定滿族人口必須達到70％以上，所以只要是跟滿族沾點邊的，比如本來是漢族，可姥姥是滿族，就改成了滿族。國家民族政策對少數民族有照顧，孩子考大學分數上還降低呢，所以改少數民族是順茬，一個村一個村地改了。

眼前老人是那種口無遮攔的人，言談間能感覺出他對祖先不可重複的失落感。作為一個骨質裏流淌著旗人血液的後裔，在現實生活唯一可以主宰自己的，就是盡量去維繫滿族傳統文化，不受外來文化的衝擊和滲入。從他收集的古書字畫，以及祖先世代

留下家用的瓶盞瓦罐，與他的主人一樣透露著歲月的滄桑感。他之所以這樣眷戀自己的文化情結，似乎像當年，如同與愛新覺羅家族坐在滿族文化的寶藏中那樣不可一世。

來，你跟我來呀。老人幾乎是命令式的讓作者跟著他身後，隨他來到西廂房打開大櫥櫃。那一瞬間，作者看到櫥櫃裏存放著好些看不清牌子的酒，難怪老人每天三餐都有酒喝。

> 這些都是祖宗留給我的，你看枕頭頂、禦扇、滿族農民畫，瓷器，撢瓶、筆筒、茶壺，另外還有洗衣棒槌、煙槍之類的小玩藝。哎，時過境遷啦，這些東西沒有僕人清潔，沒有主子的氣味，即使留著也沒有多大意義。拍賣？當然會，拮据時沒有生活來源，就小打小鬧拿出一樣兩樣來糊口。賴好孤家寡人一個，一人吃飽全家不餓。
>
> 你們漢人也很會喝酒，走，我請你喝酒。時間不早了，老人很隨意看了一下牆上的時鐘。「家裏有人嗎？老爺，您要的下酒菜來了。」從外面進來一個年輕後生，腰間系著一條早已分辨不出顏色的圍裙，手裏端著一盆滷菜遞給老人，老人付錢送客。

作者告辭老人，漫步徜徉在街巷，選了一家比較乾淨的小餐館坐下。事先與老人約好，午休之後再去造訪。

午後的溫度似乎升高不少，作者回到老人身邊。只見老人炕上小桌放著幾本書，上面已被歲月洗滌和灰塵遮掩看不太清楚

書名了。看來老人期待著作者出現，早已準備好要告訴作者什麼。作者拿起翻開內頁《愛新覺羅宗譜》，這是一本1936出版的書，書中收集了這個家族幾百年來的世襲繁衍材料。自16世紀80年代至20世紀30年代，努爾哈赤這一支系的後裔，僅男性就有近3.4萬多人，整個宗室的後裔有4.6萬多人，還有覺羅系統的後裔計3.4萬多人，合計有8萬多人，而這還僅僅是男性。如按皇子與皇女的比例來計算的話，那麼，愛新覺羅家族在3個多世紀中，宗室的後裔有8萬多人，覺羅的後裔有近6萬人，整個愛新覺羅家族計有後裔近14萬人。不難看出，這近300年的時間，愛新覺羅家族，是處於一個擁有特權的時期，子孫繁衍的速度是很快的。另外一本書名《聖祖仁皇帝聖訓；卷十五》康熙十八年己未二月甲戌。

　　我爺爺打小就在宮裏進進出出，與王室小孩們一起玩耍，稍大10來歲吧，陪同宮裏小孩去郊外教場習武射擊，在後來的邊疆圍剿時，爺爺作為軍師也參加不少大大小小戰役，還曾獲得過朝廷的嘉獎。父親也不示弱，步爺爺後塵成為愛新覺羅家族裏最好的將領。

　　根據史書記載：自努爾哈赤建立後金起，到末代皇帝溥儀清朝滅亡止，後金、清朝一共存在296年，經歷了11代12位皇帝。在這近三個世紀中，後金、清朝的皇帝，擁有眾多的後妃，他們的子孫也擁有遠超過常人妻室的妃妾，加上中國崇尚多子多孫的

古老傳統習俗，因而愛新覺羅家族子孫繁衍十分迅速。

　　老人家族的生活已經無法考證，但留下的歷史記載卻事實存在。從20世紀30年代以來的近70年間，愛新覺羅家族流散各地，皇族身分已成了歷史，政府對修譜已無可能，純正的血統已無保障，婚姻狀況也日趨複雜，幾乎沒有任何家譜問世，家族人口的統計已很困難。

　　清皇族後裔在全國分佈廣泛，其生活狀態多種多樣，對待「愛新覺羅」姓氏的態度也各不相同。可老人是極端願意提起皇族身份，身為愛新覺羅姓氏自豪，每每這個時候看見他似乎有一種喜悅和滿足感。

將軍的女兒——鄂秀華

時間：2006年5月11日
地點：北京香山正白旗66號
人物：鄂秀華
學歷：小學
年齡：99歲
民族：滿族

　　走進胡同，一大排院落面積約有兩畝多地，全是鄂秀華老太太祖上留下的遺產，目前她隨三個女兒住在這裏，祖宗家底厚，子孫也風光。

　　眼前的鄂老太太，一看上去就是地道的滿族後代，高大的身軀，寬寬的臉盤子。那和悅平祥的神態，外面浮華的世界就好像與她毫無關係。尤其是老太太腳上那雙大足板，穿的鞋碼子是39，這在百年前的舊中國婦女，有如此大的腳板，只有滿族女子才會享有這樣的特權。

　　我生於宣統年間（1907年），祖先的姓是伊納裏氏，隨清朝從東北長白山入京的，祖祖輩輩建營在此（正白旗）居住。祖先是宮裏一個侍衛，據說我祖父那一輩，有一個兄弟，參加了大小金川的作戰，戰死在四川的疆場上。家人為了紀念他，畫了一幅身穿戰袍巨大的肖像，掛在廳堂裏以使後人瞻仰。可惜，文化大革命剛一開始，被我親手焚燒了。

　　我們現在居住的這個地，原來是一個大營房，那時我們家中有三丁，分房九間，一個馬棚。根據乾隆十四年議准，隨征金川雲梯兵一千名，別設一健銳營，分為兩翼。左翼翼領一人，右翼翼領一人，各給房十三間；每旗參領一人，給房十三間；副參領一人，給房十間；前鋒校，鑲黃正黃二旗各七人，餘六旗各六人，均給房六間；八旗前鋒每名給房三間。照皇恩所賜，早年老人家中有八旗前鋒三名，分得房九間，另外還多出一個馬棚。

　　八旗官兵擁有御賜八旗莊田，清廷又定期供給錢糧保障其生活。辛亥革命後，取消糧餉，滿族官兵斷絕了生活來源。日偽統治時期，拆旗營蓋兵營，滿民紛紛外逃謀生。

　　採訪期間作者每當提起早期的滿族，旗人後代總是自然流露出一份難以克制的懷舊情懷。他們坐享先人留下來的財富，是否真正從內心去想過，清朝為什麼在一夜間落地塵埃。其實，一個

王朝由鼎盛到沒落，千里之堤，潰於蟻穴。一個朝代從興旺到衰落並不是一朝一夕。

據史料記載：清王朝入關以後，定鼎古都北京，其八旗子弟大多分駐於京師一帶，作為「拱衛天都」的駐防。這對剛入關的清朝統治者來講，上述是符合其政治需要和軍事需要的。但不久便到了「盛世而衰」的轉折。八旗兵丁「生齒日繁」，養育兵倍增，且不務正業居多，以至錢糧供給不敷。若不另謀生計，勢必導致窮乏。一句話，養活京師日增的八旗人口，當時的大清朝廷已感到力不從心了。

我父親在張作霖手下任參謀長，與張學良結成了拜把哥們，稱老四，學良老六，老三是鑲紅旗營的人姓付。父親抽大煙，娶姨太太，解放以前就死了。

香山腳下炮師的院，就是正紅旗的舊址。我娘家是正紅旗的，我小時在旗營裏長大的。我丈夫叫伊世凌，1908年出生。朝廷給的錢糧都趕上了，算趕上一個尾巴。他四、五歲就騎馬射箭，看過「跑馬射箭」得錢糧這齣老戲的人，一定會知道戲中比我丈夫小的還有，幾歲孩子為了得到一份錢糧，被捆在馬背上射箭，一經射中就算清軍一員了。宣統年間射出去就行，沒有乾隆那會嚴了。丈夫弟兄幾個都是騎馬射箭拿錢糧過來的，在圍城練武習箭，每月領有一份薪俸（錢糧），滿族落泊以後，旗營裏所有將士沒了特權。到後來丈夫跟著馮玉祥的部隊，他一直在

司令部當電臺報務員，曾在太行山和日本人打過仗，在那裏待了五、六年，生活苦得不得了。在一個嚴冬的晚上，丈夫披著一件軍大衣外出，就在司令部駐地返回住所的路上，突然被日本人從後邊抱著，丈夫隨即把大衣甩掉，才得以死裏逃生。1949年平津戰役結束以後，回京城隨付作義起義（1949年5月），其後回家種地一直到死。

傅作義（1895年6月27日～1974年4月19日）民國時期軍事家，愛國將領。字宜生。山西榮河安昌村（今屬臨猗）人。1910年（清宣統二年）考入太原陸軍小學堂。次年參加辛亥太原起義，任學生軍排長，在娘子關等地與清軍作戰。1912年被保送北京第一陸軍中學堂。1915年升入保定陸軍軍官學校。1918年畢業，回山西在晉軍服役，因治軍有方，由排長遞升至師長。1927年率第四師參加對奉軍作戰，10月乘虛襲占涿州（今屬河北）後，孤軍苦守三月餘，以不足萬人之師，抗擊數倍於己之兵力，採用在城牆內外挖掘壕溝阻敵攻城、主動出擊等辦法，打退奉軍多次進攻，終因糧盡援絕，於次年1月撤出涿城，接受奉軍改編。傅因拒絕張作霖委任，被軟禁於保定張學良指揮部，5月初出逃至天津。第二期北伐擊敗奉軍後，任第三集團軍第五軍團總指揮兼天津警備司令。1930年蔣馮閻戰爭期間，任第3方面軍（閻錫山軍）第二路軍指揮官，率部在津浦鐵路（天津—浦口）沿線與蔣軍作戰。閻軍戰敗被南京國民黨政府收編。1931年任第35軍軍長兼綏遠省政府主席。

「九一八」事變後，通電堅決抗日。1933年所部編為第7軍團，任總指揮，率部在河北密雲、懷柔（今均屬北京）一線參加長城抗戰，施近戰、夜戰、白刃戰，給日軍以打擊。1935年4月被授為陸軍二級上將。1936年指揮綏遠抗戰，採用集中優勢兵力各個擊破、出其不意等戰法奇襲日偽軍，獲百靈廟大捷，收復失地。抗日戰爭期間，相繼任第7集團軍總司令兼第35軍軍長、第八戰區副司令長官、第十二戰區司令長官，指揮所部轉戰晉、冀、察、綏等省，先後參加南口張家口戰役、忻口會戰、太原保衛戰諸役。還靈活運用阻擊、偷襲等戰法打擊日軍有生力量，取得包頭、綏西、五原等戰役的勝利（見綏西作戰）。1941年初，提出民養軍、軍助民、軍民合作發展糧食生產的具體措施，解決軍民食糧問題。

抗戰勝利後，任張垣綏靖公署主任兼察哈爾省政府主席、華北「剿總」總司令，執行蔣介石的內戰政策。

1949年1月天津解放後，接受中國共產黨提出的和平解放北平（今北京）的條件率部起義，對完整地保留文化古都作出重大貢獻。隨後，又受毛澤東、周恩來委託，和鄧寶珊促成綏遠起義。

中華人民共和國成立後，曾任綏遠軍政委員會主席、綏遠軍區司令員、國防委員會副主席、水利部部長、中國人民政治協商會議全國委員會副主席等職。1955年被授予一級解放勳章。

　　雖然在大清朝那會兒，他們個個是高高在上的朝廷大
員，頂著花翎，受著恩賞，日子過得很是得意，也讓普通
百姓們羨慕著。當初的落泊，不能不說明歷史行走潮漲潮
退，是自然規律。

　　清朝的歷史早已劃上句號，把清朝皇室當作效忠物件的人
獲多或少仍舊存在，但是在他們身上似乎也看不到「清老遺症」
了。如今也很難見到屬於他們自己曾顯赫不可一世的社交圈，即
使偶爾聚在一起，回憶著各自祖宗的功勳與家族曾經的輝煌榮
耀，多多少少還會沉醉在過去，似乎還不願意醒來。

一輩子做官，十輩子壘磚——趙芝香

時間：2006年5月12日
地點：北京香山南營
人物：趙芝香
學歷：初中
年齡：80歲
民族：滿族

趙芝香

　　這是一個擁擠不堪的院落，周邊也是一片雜亂，看上去明顯是香山最差最貧窮的地方。

　　根據老人回憶，在她祖宗家底裏曾是另外一番景遇，祖父掌管著清朝宮廷裏白花花的銀子，在京城置買了不少房產，祖太膝下兒孫滿堂的大家族住著寬敞的四合院，那一進一出的陣勢真是前呼後應。可眼前，老人和眾多中國貧困老百姓一樣，還有一雙兒女住在幾間暗無天日的平房裏，裏邊幾乎沒有多少空間，家中也沒有幾件值錢的東西。儘管這樣家裏卻充滿了溫馨，兒女對母親的孝敬，在香山所有採訪中是難得見到的。

　　我娘家是滿族鑲黃旗，老姓是伊爾根覺羅氏。祖宗從東北跟隨滿族入關，建立八旗。祖父在清政府宮廷裏管理財務，大把大把的白銀從祖父手上過，他每月薪俸很高。那時家族也大，在新直門小六條胡同，大四合院裏套好幾個小四合院。南營入口處附近兩個院六間房原是我們家養花，養魚，老祖太和大伯父住的地方。海澱、玉泉山都有祖父留下的房產。滿族人好說這句話：一輩子做官，十輩子壘磚。你們漢人說：一人做官，雞犬升天。

　　我父親弟兄四個，現今全部都不在人世了。大伯父沒上過學念過書，在屋裏管家務，院裏種花，給老祖太換季花。二伯父和三伯父都在黃浦軍校讀書，分別是第一、二期，後來都加入了革命軍，後在國民黨軍隊當了大官。我父親老四，在家管理財政。記得祖母死時，是按照滿族禮儀安葬的，當時為祖母守靈的還有侍衛護院。

　　清朝在位時，父親整天提籠架鳥，訓鷹上山捉野兔子，不會做活。成年坐吃山空，清朝沒落以後，家境逐漸衰落，沒有家產，最後剩下七畝二分地，公私合營全拿去了。解放初期，在香山一提起玩鷹的趙四老爺，沒有人不知道的。當時，家中還留下點祖先的古董，沒有生計的情況下，就靠賣些小玩意維持。後來，財產賣光，家裏沒得賣了，只好去賒帳，賒帳有還也有不還的，善良的人總是有愧疚不得已只得還情的，不善的人根本就不當回事。家裏被逼得無路可走了，才去搖煤球的。儘管家境窮

困潦倒，父親始終沒有在孩子們面前發洩不滿，長年保持著樂觀。

辛亥革命之後，北京城的街頭巷尾隨處可見那些穿著長袍馬褂，頭上戴著瓜皮帽的人們，有人手裏拿根手杖，有人在胸前系塊懷錶……

隨著大清朝的垮臺，他們一下變成了一文不名的普通百姓，祖蔭的爵位也都隨著這股西風一去不復返了。長期的養尊處優，他們原本不具備一般人所必備的勞動能力，但他們花起錢來的本領，於是祖上所遺留下來的家產迅速的被揮霍已盡。有那麼一個時期，街頭的當鋪取代了過去的茶館，戲樓成了他們這群人最經常去的地方之一。

我之所以能上學，是受黃浦軍校伯父們的影響。當年在「慈幼院」上了兩年，後來轉到中法大學附屬碧雲小學畢業，在靜宜院又上了二年，學校全是女生。儘管半個世紀過去了，至今是腦子一想啊，曾在慈幼院生活的情景記憶猶新，還記得我們唱過的上課和下課歌：

上課歌：漢時漂母飯王孫，千金且報恩。況吾母校養吾身，多年教化成。師保姆，最艱辛，勞無片刻停。終身愛此大家庭，休為負義人。

下課歌：先生教我得成人，真同父母恩。一時
一刻抵千金，光陰似水奔。須習故，乃知新，閒遊
是惰民。叮嚀姊妹弟兄們，溫書要用心。

過去的女子，上再多的學讀再多的書，也是無法進入
社會，婚嫁一到結婚生子。滿族女子未出閣之前是大門不
出，二門不邁，當閨女那陣是最清閒好玩的，很多滿族老
姑娘結婚都很遲。做了媳婦終年守候公婆、伺候丈夫還得
教子。女子無才便是德嗎。

清朝貴族入關之前推行過一系列的民族壓迫政策，激起了漢
人各階層的反清浪潮。政府為了緩和極其緊張的滿漢民族關係，
採取了拉攏和團結漢人的做法，將滿洲女子「賜婚」給漢民的功
臣重將。當時的「方今天下一家，滿漢官民皆朕臣子。」其實是
對旗人的認同，對漢人並不是對等的。

日本人進京以後，滿漢通婚也沒了什麼制約，但在文
化方面還是有壓力的，我之所以嫁給漢人，是因為看見滿
族人禮節太繁重，大姐，二姐嫁給滿族，早晨晚上都得給
老太太問好請安，活得太累了。起先父母親為我婚嫁，爭
議很大，最後父親不得不作了讓步，說是最小老閨女由她
自各去了。兒時，常聽母親唱滿族民歌《沒事兒在那兒立
規矩》：

當妞兒，最清閒，

做媳婦，吃黃連。

奴打奴做還不算，

公婆事情沒個完。

早晨起來去問好，

晚上睡前去請安。

問了好，請了安，

隨後再裝一袋煙。

沒事在那兒立規矩，

好像閻羅殿裏上班。

活的泥像不易當，

兩腳麻木兩腿酸。

公婆若是不發話，

一直站到月亮彎。

多虧一雙天足大，

若是民間小腳兒，

地皮踩進三尺三。

　　我丈夫家族很大，是當地有名的地主，大約有50畝
地，公公賣了土地抽大煙，最後賣了女兒給人當童養媳，
丈夫的哥哥是抽大煙抽死的。劉庸在香山巡視時，曾贈我
們丈夫家族一塊匾，後來也被他們家裏拿去賣了，用在吃

喝嫖賭上了，家敗之後，那是見啥賣啥。等我丈夫知道以後，想用錢把那塊匾買回來，可人家買家不賣了。

我結婚有了孩子，仍舊按照滿族文化教育他們，做人誠實，對孩子們灌輸儒家的傳統文化思想，五個兒女從小到大沒有在外惹過事找過麻煩。

來自美麗的傳說——孟昭鋮

時間：2006年5月14日
地點：北京香山北上坡
人物：孟昭鋮
學歷：私塾
年齡：83歲
民族：滿族

老人家一聽作者來意，心情似乎很激動，連忙讓家人端凳沏茶。面對老人口若懸河的談吐，真難以相信老人早已超過八十高壽。有時，作者筆記真得跟不上老人的思維。

祖先由東北瀋陽入關，到我們這代已經是十代人了。前些年，有人說我們的根是山東的，那是孟子的老家，在孟姓的家譜裏，在世的已被排到七十一代。或許是「孟母三遷」使得我們離開故土的。

至今故宮檔案裏還有我祖上的老姓，爺爺名字叫孟福海，弟兄五個曾在朝廷裏做過侍衛、武官、三品官、二品官，馮玉祥進京，被攆出宮廷，回家還給老米吃。二爺爺的字輩和名字是皇上賜的，他在朝廷裏做禦膳，北京和平起義前，撇下老婆兩個未成年的女兒跟熊希齡太太毛彥

文去了臺灣，後來一直沒有取得聯繫。熊希齡遺體運回北京，才有人帶信給我們，這時才知道二爺爺的消息。又是多少年以後，從毛彥文那裏知道，1967年二爺爺去世了，直到死他也沒有再娶，二奶奶到死也沒有再嫁。

父親曾在袁世凱手下當連長，跟隨張勳駐紮南京。父親在我們身邊，總是給我們提起他的上司，說他是一個大忠臣、大英雄。可歷史的教科書上可不是這樣寫的，不過，對我們平頭百姓來說，有吃有喝，天下太平才是最重要的。

奶奶在世時，我們家一直延續著滿族的風俗生活習慣，早請安晚道別，家中年長者不到席，晚輩是不可以動碗筷的。並沿襲了女真人吃山野菜的習慣，春天山野菜是滿族人的主要蔬菜，野菜有名柳蒿者，春日家家採食，味道不其鮮美，困難年盛時，滿族人仍然有上山去采山野菜吃的習慣，採集的山野菜品種有明葉菜、蕨菜、薇菜、柳蒿菜等。

至今我們還保持著滿族人素有愛吃粘食品的習慣，比方今天的湯糰子（湯圓），糯米年糕。因為粘食品不僅好吃可口，而且持久耐餓，吃了以後身體強壯有力。根據早期老人說，這種粘食品適合於遠端外出從事狩獵活動和出征作戰，因此也曾作過八旗軍的軍糧。

我們滿族人在夏天還喜歡吃酸湯子。酸湯子是一種麵食，其做法是用金屬片製成一個小圓孔的模具，使用時放

在手中把合好的面放在手上用手用力地擠，而順小孔流下
來成為麵條直接落入鍋內，煮熟後撈出來配上調料，就成
為一種解暑的冷食。（作者在中原生活多年，小時也吃過
這樣的麵食——叫蛤蟆蝌蚪）

孟昭亮先生身邊不斷搖晃著一條北京哈巴狗，老人輕輕抱起
放在他的膝蓋上，對作者談起滿族人敬犬的故事來：

　　努爾哈赤幼年喪母，繼母納喇氏百般虐待他，小努爾
哈赤無奈便投身到明朝總兵李成梁帳下為李成梁和六姨太
紫薇當傭人。他機靈乖巧，很討六姨太喜歡。一天晚上，
他為李成梁洗腳時，看到李總兵腳心上有三個痦子，李成
梁得意地說：「我的福氣和官運全在這三個痦子呢！」小
努爾哈赤說：「我腳心還有7個痦子呢，怎麼就沒有福氣和
官運呢！」李不信，小努爾哈赤就脫掉鞋襪，亮出腳心的
七顆紅痦讓李總兵觀看，總兵大人嚇了一跳：「早聽說有
人算出民間將有腳踏七星的真龍天子出現，與明朝分廷抗
禮，想不到就是這個小子！」他讓六姨太太紫薇穩住努爾
哈赤，自己急急稟報朝廷請功領賞。善良的紫薇不忍傷害
小努爾哈赤，遂實情相告，讓他快快逃命，並特別囑咐：
「快到馬圈裏騎匹快馬逃命，記住，騎大紅馬，不要騎大
青馬，大紅馬比大青馬跑得快！」黑夜中，小努爾哈赤錯
騎大青馬出逃，與他朝夕相伴的大黃狗也隨他逃出李府。

　　夜半，李成梁帶官兵來捉努爾哈赤，見努爾哈赤逃走，急忙騎大紅馬追趕。天亮時分，大青馬跑到一個懸崖前，努爾哈赤見追兵將近，前無去路，便驅馬跳崖。由於有大青馬托墊，努爾哈赤沒有摔死，他趴在地上一動不動。李成梁從崖上望見大青馬已摔死，努爾哈赤身上落了一群烏鴉，以為努爾哈赤已經摔死，但他還不死心，令隨從將成捆的柴火點燃後扔到努爾哈赤身上要把他燒成灰燼。大黃狗見李成梁已經遠走，便急忙跳進河裏，用浸濕的身體將火壓滅，努爾哈赤得救了，而大黃狗因勞累和燒傷卻死去了。

　　努爾哈赤成就大業後，為紀念死去的大青馬，就把朝廷年號定為「大青國」，以後漸傳為「大清」；對於烏鴉，滿族人也是格外尊重，家家戶戶房前的索羅杆，就是為了在杆頂「升」裏放些豬下水、糧食讓烏鴉取食；至於狗，更是成了滿族人的忠實朋友，「狗君子」之說即出自此。多少年來，滿族沿襲了不准殺狗、不吃狗肉、不戴狗皮帽子、不鋪狗皮褥子的習俗。滿族人家平時對狗餵養也特別盡心，即便狗老了，看不了家了，也一如既往善待，狗死後還要厚殮。如果誰打了誰家的狗，就視為對主人的不尊重。「打狗看主人」這句話據說就是由此而來的。

　　鑒於滿族敬犬的習俗，滿族不僅自己不吃狗肉，更不會拿狗肉去招待客人，如違背這一習俗，就被視為大義不道。（可見老人對這段傳奇記得如此牢）

我們的祖先在長白山下——付尚義

時間：2006年5月14日
地點：北京香山北坡南正黃旗
人物：付尚義
學歷：私塾
年齡：84歲
民族：滿族

　　作者在正紅旗營結束採訪，徒步翻過雜草叢生的山頭，俯視到一大排整齊深紅色圍牆的城堡，這就是北京有名的歷史建築群——團城健銳營。接下來要採訪的主人翁便住在山腳下的村莊南正黃旗營。目前居住這裏還有零星幾戶人家，未來得及遷走，公路旁被拆遷的殘垣斷壁，蕭瑟立在那裏。該搬走的都搬走了，沒有搬走的也正在待命。

　　　　祖先的老姓姓倭。祖父叫付鳳武，滿名不記得了，「七七事變」第二年去世的，我那時只有14歲。祖父弟兄兩個，二爺爺滿名叫倭興額。我父親叫倭仁保，叔叔叫倭仁布。我們屬於南正黃旗，地處健銳營，祖輩都在軍營生活的。父親在清軍打仗，記得還有一張照片，他站在南京一座炮臺下。戰敗給革命軍之後，中華民國成立，皇帝沒

有了，朝廷沒有了，俸祿沒有了。父親只得去做些小買賣，擔挑沿街叫賣香煙花生米，以此維持全家生計。旗營沒了以後，滿人只好各自為政，各尋門路，那時生活是窮困潦倒，旗人大多種點山坡地，做小買賣，打小工，反正旗人沒有多少出路，在當時不要說旗人，整個民族都是這樣，生活在水深火熱之中。

八旗曹營大小胡同和京城胡同一樣，日本人來了以後，旗人逃的逃，拆遷的拆遷，正黃旗只剩下三十幾戶人家。變賣家當最後逃到哪裡去都不知道了。路邊那棵老槐樹見證了清朝的興衰史。

「七七事變」以後，國民黨高級官員宋哲元管轄北平，我那時已經記得事了。國民黨退兵的時候，宋的兵營正從頤和園東北角西院退出京城。我們這條公路從香山、海澱、西直門，日本人入關從北到南，坐著坦克，汽車揚虎揚威，示威一直到阜成門。我家房子沒有拆，全家人也沒有逃離北京，父親繼續做他的小買賣。我在香山上小學上了六年，還沒有畢業就去了張家口做鐘錶學徒，1947年回京。日本人投降以後，外逃的旗人大多數都沒有回來，因為他們走時房拆了，地也沒有了，生死都在外面了。

我們當時為什麼沒有走？我們的確憂慮過不知道該去哪裡？無親無故，連朋友都沒有，無路可走啊!?最終留了下來。

祖先隨清朝當兵打仗，跟朝廷也沒有什麼瓜葛。日本人來了，偽政府建立國家沒有他的主人，平頭老百姓仍舊過他的日子。解放以後，一直到文革時期，我們家族和大多數百姓一樣，做點買賣，學點技術，跟上頭也沒有多少關係，所以沒有受到什麼衝擊。

　　曾祖前，或是祖父他們是否重返過祖先出生地，我們是不記得了。但每每提起長白山還有松花江，那心總是被一種無名的感覺牽動著。感觸最深的就是，我的祖先幾百年幾千年前，就屬於那種強悍不羈的民族，他們之所以能夠在那片廣闊的原野上繁衍生息，依靠的就是與生俱來的強健與英勇。以至於後來，我們滿族人經歷了那麼多苦難和不幸，還是一如既往堅強地生活著。

　　一直坐在旁邊的本族同胞，情不自禁說起小時候，時常聽奶奶講滿州人的故事：

　　很久以前，在長白山腳下的一條小河旁邊，居住著一些人家。這條小河清澈見底，有風吹來的時候就會蕩起層層波紋，在陽光的照射下，就像魚身上的鱗片一樣閃閃發光。某個夏天的中午，天氣很悶熱，一位非常美麗的姑娘來到小溪邊洗澡，夏日的燥熱讓她對冰涼的河水有種說不出的親近感。她一邊戲水一邊向前遊。不知道過了多久，她看到從上游飄過來一顆漂亮的紅櫻桃，姑娘瞧著好玩，也沒有多想就把它撈起來一口吞了下去。這本來是一件非常平常的事情，姑娘自然不會多想，洗完澡後就回家

了。可沒想到的是，過了不久，這個姑娘的肚子竟然大了
起來。別人都取笑這個姑娘，說她不知廉恥、不知潔身自
愛。俗話說。知女莫若母，做父母的知道姑娘平日的為
人，也知道她肯定不會做出違背道德的事情，於是他們也
沒有過多追問自己的女兒，一直到她分娩。十月懷胎，這
個姑娘生了一個非常健壯的小男孩，這個小男孩就是後來
所有滿州人的祖先。

　　我們家族歷經了三朝四代的軍營生活，祖父、父親、
女兒、孫子。過去的日子和現今是沒法比，一個天上，一
個地下。尤其是民國走過來的人，經歷了那麼多動亂，新
社會老百姓的生活發生了很大的變化，相信以後會更好。

香山腳下話旗營——白鶴群

時間：2006年5月19日
地點：北京麗都飯店
人物：白鶴群
學歷：大學
年齡：62歲
民族：滿族

　　作者是在書上認識白鶴群老師的，在他們那個圈子裏名氣蠻大的，就像他所說的那樣，局外人是進不了他們圈子的。當作者撥通他的電話時，白鶴群老師毅然接受了採訪，按照他指定的地點，作者從香山坐737公車再轉967，抵達將台路。車上下來天空飄著小雨，站臺上也沒有見到要等的人。

　　五月的北京居然寒冷刺骨，滿城刮起了沙塵暴，整個天空被黃沙彌漫，眼睛都睜不開來。作者歷來討厭最不守時的人，心裏自是埋怨起來，總之，那一刻心情很灰暗，打算放棄這次採訪，可不屈的性格迫使事不成絕不甘休。周圍沒有公用電話，回到國內還沒有來得及買手機，之下只好借用車站等車女同胞的手機，當電話那邊傳來對方的聲音，作者幾乎控制不住自己的情緒，對著電話發出了牢騷，因為天實在是太冷了，對方足足遲到了半個多小時。

　　當白鶴群老師出現在作者視線裏，那一刻思維幾乎凝固，一個怪怪的人。這時，彼此沒有語言，逕自朝麗都飯店走去。這沒有想到，因為作者在一個半月的採訪中，幾乎沒有接受過這樣款待。儘管這樣，作者仍舊提不起一點精神來，只是洗耳恭聽。

　　　　我們祖先已在北京居住了十四代，老姓是巴雅拉覺羅。祖上最早是從乾隆55年落戶來的，原來是理藩院大臣，後來是清政府駐西藏的大臣，因為尼泊爾事件失職，（清史記載55—56年），乾隆還沒有追究，祖先就在承德避暑山莊的寧海自殺了。他的後代叫僧額布，是鑲紅旗鍵銳營的佐領，所以我們祖上十幾代人都住在香山。

　　此一時彼一時。白鶴群老師時而亢奮，時而低落的情緒，不由聯想起「遠富近貧以禮相交天下事，疏親慢友因財而散間多」，此副對聯寓意了滿族衰落，八旗子弟情感失落的真實寫照。

　　在北京海澱區行駛的公共汽車路線上多有藍旗營、正白旗、紅旗村、火器營、正藍旗、鑲藍旗、哨子營等站名，這些站名中的「旗」與「營」究竟是什麼含義呢？

　　「營」是駐軍的地方。「旗」是清代努爾哈赤起兵時，創立兵農合一，軍政合一的聯合體。初設黃旗、白旗、紅旗、藍旗四旗。後來由於旗丁增加，又增設鑲黃、鑲白、鑲紅、鑲藍四旗，統稱八旗。可見，在海澱區內舊時多有駐紮的軍隊，清廷把這些駐紮軍隊的地方稱為「旗營」。

自乾隆十四年（1749年）起，我祖上數代生活在香山腳下的健銳營鑲紅旗北營，現將家人留下的文字與口碑，按旗營的形成、類別、分佈、兵役、優撫、訓練、俸餉、後勤、民俗及旗營衰敗、解體記載於後，以充京味民俗文化。

一、旗營的形式

　　清天命十五年（1601年）始設的滿洲牛錄作為旗營的基層組織，「牛錄」在滿語中是「箭」的意思。每逢集體出獵時，頭領負責所有的箭，故又稱為牛錄。比「牛錄」再大的職務稱為「甲喇」，再上稱為「固山」。後來，「牛錄」稱為「佐領」，「甲喇」稱為「參領」，「固山」稱為「都統」。

　　滿旗稱之，「老罕王」的清太祖努爾哈赤，他在1601年初設黃旗、白旗、紅旗、藍旗，1615年增設鑲黃、鑲白、鑲紅、鑲藍，共計八旗。前後四旗的旗幟以顏色及有否鑲邊區別。故前四旗又稱為正黃、正白、正紅、正藍。在這裏「正」字應讀為「整」音，當「整個」、「全部」講。而後四旗的鑲黃的「鑲」意思是在原純顏色的周圍再用別的顏色鑲邊。正四旗與鑲四旗中的圖案也有很大的區別。正四旗中龍的圖案龍首向右，而鑲四旗的圖案龍首向左。正四旗圖案的龍腹內飄有五朵祥雲，鑲四旗龍腹內只有三朵祥雲。

　　滿洲的八旗是一個兵民合一的組織，《清太宗實錄》中記，「我國出則為兵，入則為民，耕戰二事，未嘗偏

廢。」各旗在自己佐領領導下，平時生產，戰時打仗。儘管以後旗人逐漸增加，佐領也隨增補，然旗數卻總不會變。

旗營內所有一切均為軍事化，故昔日八旗子弟兵多能英勇善戰，保衛家旗，其征服左右，南睦鄰邦，北禦沙俄。清乾隆帝的「十全武功」便是清朝300餘年的極點，從而奠定了中國今日的版圖。

八旗的兵丁理應是滿人，但是由於滿洲最初入關時僅有兵丁22萬，試想要使一個少數民族統一整個中華，則是一件極為困難的事。於是，滿洲統治者把征服了的其他民族的人也編入了八旗之內而形成了不是滿洲人的旗人。因此，滿洲人應是旗人，而旗人並不完全是滿洲人，這裏面也含有蒙古族、漢族、藏族、苗族、羌族、俄羅斯族、鄂倫春族、錫伯族、達斡爾族及察哈爾、巴爾呼、額魯特、紮哈沁、明阿特、烏梁海、達木、哈薩克等地區的遊牧人。

天聰九年（1635年）清廷擴編了蒙古八旗。崇德二年（1637年）成立了漢軍左右翼二旗，四年擴為四旗，七年擴為漢軍八旗。這樣滿蒙漢各分八旗，實則24旗。至於兵丁較少的民族如達斡爾、錫伯、鄂倫春等民族則由朝廷旗籍司管理或屬當地旗營都統管轄。所以，旗營自滿洲入關後，已變成多民族的軍政全一的，在中央集權下的多民族的大家庭。

二、旗營的類別

清軍入關後，福臨於順治元年（1644年）十月在北京坐了「大清」王朝的第一任皇帝。當時滿洲有兵丁22.5萬人。順治帝為了鞏固自己的統治，將滿洲八旗兵一分為二，列京營和駐防兩類，前者兵額12.5萬人，後者兵額10萬。駐防八旗為盛京（瀋陽）、吉林、黑龍江、伊犁、綏遠、寧夏、西安、荊州、江寧、杭州、福州、廣州、成都等13城鎮和軍事要地。

駐京八旗大部分兵丁及家必駐在京城和京畿一帶，以皇城為中心，按方位分駐。因自己的責任不同，其主要軍事國量分別組建了前鋒營、護軍營、驍騎營、步軍營、健銳營、火器營、神機營及建制較小的行營、船營、番子營、哨子營、虎槍營和善撲營等。這些旗營的建立，其根本目的是保護清帝國的利益，鎮壓國內發生的各種不安定因素，抵禦國家外部的侵略。因此，各種旗營的設置，都起著清政府統治的中流砥柱的作用。

驍騎營：清廷八旗主要的基本軍事組織，兵丁統稱為馬甲，駐防在京畿和各省。

前鋒營：清廷駐京八旗軍事組織之一，挑選精銳滿洲、蒙古兵丁組成，後成為皇帝的警衛部隊之一，皇帝檢閱，列為前隊，出巡時，在禦營前後一二裏外立前鋒旗，作為門戶，列帳守衛。

護軍營：清廷駐京八旗軍事組織之一，挑選精銳滿

洲、蒙古兵丁組成，擔任宮廷禁衛，皇帝出巡，擔任扈從、駐蹕等。

　　圓明園護軍營：專為護衛圓明園而由在京八旗中抽調官兵組成，同時負責皇帝住園來往，自城內至園沿途的保衛。內含內務府三旗護軍營300人。內務府三旗護軍營也稱「包衣營」。

　　步軍營：是清廷京城的衛戍部隊和治安機關，按地段，分駐防區下設中、南、北、左、右5個巡捕營。主要負責京師的衛戍、警備、治安工作。

　　火器營：清廷駐京八旗掌握火器的部隊，配有鳥槍和子母炮，駐紮京城內外，守衛京師。

　　健銳營：清廷駐京八旗一個兵種，由前鋒選勇健者，多為雲梯兵。

　　番子營：健銳營征大小金川帶回京城的西南少數民族組成的規模較小的營制，多為樂工。

　　船營：健銳營管轄下的昆明湖水操演習部隊。

　　神機營：清末組建的精銳部隊，兵丁來自驍騎、前鋒、健銳、步軍、火器等軍營，下轄馬、部隊25營，官兵14000多人。

　　行營：皇帝出巡臨時建立的駐蹕處所，又名禦營。

　　虎槍營：扈從皇帝圍獵的禁衛軍。

　　善撲營：為承應演習攧跤、相撲、射擊、移石、騙馬軍技藝者，僅300餘人。遇皇帝出巡，則與

護軍第一體隨班護衛。

三、京旗的佈置

清朝進關後為了鞏固政權，在全國各地駐防部隊。而駐紮在北京城內外的滿州八旗稱之為「禁旅八旗」。

滿州八旗排列是有一定順序的。以鑲黃、正黃、正白為上三旗，正紅、鑲白、鑲紅、正藍、鑲藍為下五旗，並按方向定該旗的位置。以鑲黃、正白、鑲白、正藍四旗居左，封稱左翼。正黃、正紅、鑲紅、鑲藍四旗居右，封稱右翼。

北京城由內城與外城兩部分組成，清軍入關後，實行滿人居內城，漢人居外城的政令。這項政令在全國各地駐防旗營處同樣實施，如西安、福州、廣州、綏遠、荊州等地，上述地方現仍存在遺址或較多的文字記載。清政府之實行這一政令，其目的是防止漢化和各省文人聚眾作亂，同時保證滿洲八旗兵騎射、善戰的尚武精神。

北京內城是個正方形，按方位顏色在京城內佈防的是：北方為鑲黃、正黃二旗，駐防安定門、德勝門。東方為正白、鑲白二旗，駐防東直門、朝陽門內，西方為正紅、鑲紅二旗，駐防西直門、阜成門內，南方為正藍、鑲藍二旗，駐防在崇文門、宣武門內。

滿洲八旗軍隊的位置安排是按照陰陽五行來進行的：兩面黃旗在北邊，北邊在五行中為水，兩面白旗在東邊，東邊為木，兩面紅旗駐紮在西邊，西方代表金，兩藍旗駐

縶在南面，南方代表火。黃色代表土，土能擋水；白色代表
金，金能降木；紅色代表火，火能克金；藍色代表水，水能
滅火。這樣東西南北，金木水火，黃白紅藍，它們之間一伸
一抑、一張一合，給人們一種順其自然的天理的印象。京
城四周也有左右兩翼八旗營房，如星拱日，環衛宸居。

左翼鑲黃旗旗營在今安定門外青年湖公園南側，今日
尚存南營房胡同，該營教場在黃寺大院。正白旗旗營在今
東直門外工人體育館南端，今日尚存東營房胡同和一至十
條胡同。鑲白旗旗營在今朝陽門外日壇神路街西側，今日
尚存南營房胡同一條至八條。正藍旗旗營在今崇文區法華
寺南側，今日尚存營房東街、西街、寬街，營房東頭條至
東十條，營房西頭條至西十一條。

右翼正黃旗旗營在今德勝門外大街路西新風街、新明
裏、新明胡同。解放前此地稱為太平營，今日北太平莊便
是由此得名，其營教場在裕中西裏。正紅旗旗營在今阜成
門外大街路北，今存北營房西裏、北營房東裏、北營房中
街、北營房南街等地名。鑲紅旗旗營在阜成門外路南，與
正紅旗營房遙遙相對，今日尚存阜外南營房地名。鑲藍旗
旗營在西便門內路東、今槐柏樹街北頭條到北十條、南二
條至南十一條便是昔日鑲藍旗旗營房的格局，其營教場在
宣武門外大街路西，今存校場口胡同。

清軍入關之前，滿洲八旗子弟兵有很強的戰鬥力，因
為八旗子弟兵自幼苦練騎射，彪悍勇猛。由於連年戰爭，

八旗子弟一直保持著尚武的民族風尚，按時操練，堅持不息，每月在校場練習弓馬六次，春秋兩季集中操練馬步騎射和火器，今日的東安市場就是城內八旗演練的舊址。可是隨著全國的平定，八旗兵以征服者自居，日漸驕橫，享有特權，養尊處優，由於貪圖享受，武藝日漸荒疏，到了同治年間，八旗兵完全失去了戰鬥力，形成只坐吃俸祿的紈絝子弟。儘管清王朝在咸豐年間遭到英法聯軍的牙侮而又重整八旗精銳部隊——神機營，但也杯水車薪，無濟於事。

四、京西外三營

京城西北郊海澱區還駐紮大量的滿洲軍隊。它們是圓明園護軍營、健銳營和外火器營，人們習稱之為「外三營」。

「外三營」所保衛地域是人傑地靈、物阜民豐、山湖秀麗的三山五園（萬壽山、香山、玉泉山、圓明園、清漪園、暢春園、靜明園、靜宜園）等皇家園林。其中圓明園又是圓明、長春、綺春三園的總稱，這些皇家園林不但建築繁多，規模宏大，彙江南名勝之特點，集造園藝術之精華，而且還是大清幾代皇帝「避喧聽政」的離宮式的宮廷區。圓明園內的「正大光明」殿是皇帝朝會聽政的大殿，在「正大光明」殿的東面是「勤政親賢」殿，皇帝在批閱各地奏章，召見群臣。正是這樣一方極為重要的區域，所以清政府在「三山五園」地域上駐紮了三大旗營，所以駐紮兵丁達十餘萬人。

五、圓明園護軍營

雍正二年（1724年），圓明園專投八旗護軍守衛，其兵丁一部分是由京城八旗護軍中抽調出來的。另一部分是由八旗養育兵及閒散內挑補的，圓明園八旗護軍名額為5700多人。

圓明園護軍營最高統領為掌印總統大臣一名，總統大臣若干人（無具體定員），下屬八旗，每旗有營總一名，護軍參領一名，副護軍參領二名，署護軍參領四名，護軍校十名，副護軍校十六名，另有筆帖式四名，隨本旗營總一起辦理文移事務。

圓明園護軍營在外三營中最大，保衛面積最廣，北達馬連窪、黑山扈，西至玉泉山靜明園，南達長河邊的東冉村、藍靛廠，東至中關村、五道口一線。八旗駐防區域分配的極為合理。北部側重設四旗駐防，西北部設兩旗，東南兩向因靠京城，僅各設一旗。

左翼四旗：鑲黃旗營房在圓明園北，樹村村莊西、今存遺址。正白旗營房在北京體育大學西側，舊時營中寬街已通公共汽車。鑲白旗主營房在圓明園東北隅，今圓明園東路北部西側，鑲白旗設有小營房，今為清華附中。正藍旗營房在清華大學南側，今成府路東段即為昔日藍旗營房南側頭條和虎皮牆。

右翼四旗：正黃旗營房在圓明園西北肖家河處，今362路公共汽車空營而過。隨著時代的延續，正黃旗又在

清河南北兩側興建了正黃旗河南新營、河北新營。正紅旗在安省橋北，西倚今京密引水渠，北靠龍背村。鑲紅旗旗營青龍橋西邊的下道府和功德寺之間，今為繁華地域，333路公共汽車從昔日營房十字街穿過。鑲藍旗營房在頤和園南的長河西畔，現遺址的地名稱為「老營房」。名稱是與後置的外火器營建置年代比較而言。鑲藍旗營房與外火器營的建置為藍靛廠的繁榮、興隆起了很大的作用。

由於圓明園政治、軍事上的重要性，圓明園護軍營又設內務府三旗護軍營輔佐。內務府是清代掌管「宮禁」的事務機關，凡皇帝家的衣、食、住、行，包括起居、夜宿，都由內務府承辦，漢語「家」的意思在滿語中稱「包衣」，故內務府三旗護軍又稱「包衣營」，其作用職責是掌守圓明園各宮門門禁。三旗為鑲黃、正黃、正白上三旗。包衣營有營總一名，每旗有護軍參領一名、副護軍參領一名、署護軍參領一名、護軍校三名、副護軍校三名，全營有筆帖式四名，隨本營營總辦理文移事務。包衣營共有兵丁三百名，起著警衛宮苑的作用。

圓明園護軍營雙稱「圓明園八旗內務府三旗護軍營」，兩營兵丁達六千餘人。試想，這麼多名兵丁每戶有三至四名家屬，那麼圓明園護軍營將有三萬多人。

圓明園護軍營為了培養後代，在所屬旗營內設有學校，以教八旗子弟。由於北部四旗較為集中，正黃、鑲黃、正白、鑲白四旗合辦官學一所，而正紅、鑲紅兩旗合

辦一所。正藍、鑲藍因地勢與其他營房相距甚遠，故每旗各設官學一所，每所均有旗營總管指定的教習掌教學生學習事務。

與圓明園護衛有關的還有一哨子營。哨子營屬正黃旗營管轄，哨子營全部由蒙古籍騎兵組成，晝夜巡視圓明園牆垣。其馬圈在今國際關係學院處。由於蒙古八旗的食宿與地域與當時的漢人有一定的差別，時居大有莊，坡上村的漢人習稱這些哨子騎兵為「韃子」，所以此營漢人稱之為韃子營。對於在昔日飛揚跋扈的朝廷兵丁，平民的惡感仍不得發洩而稱之為「騷韃子」。今日仍有地圖、標誌牌及世間口語稱「哨子營」為「騷子營」或「韃子營」，這都不合適的。現藏於第一歷史檔案館中的清兵部左侍郎禧恩的奏摺，就說明了哨子營的性質和維持當地治安的作用。

圓明園護軍營昔日遺存很多，給人們留下的資料和文物當屬昔日八國聯軍入侵京城焚燒圓明園時，護軍營的將士們曾進行了頑強的抵抗。

圓明園八旗印房現猶存，在北京大學西校門北，紅橋西側河的南岸，現為一處三合院，其中正廳五間，坐北朝南，東西配房各三間，院前有屏風門一座。筆者認為這是圓明園八旗印房的一部分，僅存的後院而已。因為圓明園共有護軍房舍一萬一千八百零八間，內務府包衣營九十六間，護軍參領廨舍五百二十間，圓明園護軍營是一個龐大的軍政機構。

圓明園八旗護軍營建築在平原田野上，營內的建築大多相同，旗營房、關帝廟、檔子房、官道、寬街，院落均按清廷建制而設。正黃旗營房建在圓明園西北方向，扼守西北門戶，旗營兵丁是滿族、蒙古族組成。營區呈正方形，每面長均一裏，營區有三合二夯實，外皮由磚砌的泥鰍背罩面在封頂，營牆外有排水壕溝，更顯得營牆的高大和營區的森嚴。營區內有「田」字形大道，正中的「十」字寬街通向東、西、南、北四向營門，寬街兩側種植高大國槐，每至夏季，槐花泛香、葉茂如傘。大道肢體上又分出多條東西向的小路，滿人習稱為「條」，多稱頭條、二條、三條……每條胡同寬約六尺，可容馬車通過。胡同北側即為旗營兵丁院落。

　　旗營房屋、院落有一定的規制，不可超越、造次，否則將受到處罰。旗丁的院落由起脊道士帽門樓、彎影壁，正北歇山灰色合瓦的正房組成。正房按旗丁等級來分配。營中最高領導為參領，住房為十三間，配有馬廄，標準的四合院，以上副參領、署參領，護軍校為八至四間不等，旗丁則為二至三間。跨入小院，迎面有磚砌影壁，右側不通，只能從左側繞過。繞過影壁，小院一覽無餘，盡收眼底，只是影壁右側不通的方向立有祭祖的索倫杆子一根，上置鬥盒，內放食物，供天鳥來吃。

　　營房內有檔子房、錢糧房，是存放營中公文、旗案和發放俸米、俸銀的辦公地點。錢糧房外的木架上懸掛有銅

板一塊，形似滿洲婦女頭上戴的大拉翅（扁方），滿營稱之為錶，起到敲鐘的作用。每逢營中有事需要召集旗丁開會時，蘭翎長便敲錶相呼。八旗旗營均有教場，以供旗丁練習騎馬、射箭、馬步之用。

六、外火器營

火器營是專門操演火器的軍隊。操演的火器，有鳥槍和子母炮。

康熙三十年（1619年），選八旗滿洲、蒙古習火器之兵，組為火器營。營兵有鳥槍護軍與炮甲兩種，額定滿洲、蒙古每佐領下鳥槍護軍六人，炮甲一人，分內外二營操演，在城內的為內火器營，分槍、炮兩營。在城外的為外火器營，專習鳥槍。內外二營，共有鳥槍護軍5200多人（內有護軍校、藍翎長、隊長各120人，並有筆帖式16人掌文移）炮甲880人，養育兵1650人（備補充鳥槍護軍），三種兵總數是7800多人。內外火器營分別定時操演槍、炮之外，並操演步射、騎射及各項技藝。

統領火器營的為掌印總統大臣一名，總統大臣若干人（由王公、領侍衛內大臣、都統、前鋒統領、護軍統領、副都統內派充）。所轄內外二營，有翼長各一人，署翼長營總各一人，營總各三人，鳥槍護軍參領各4人，副鳥槍護軍參領各八人，署鳥槍護軍參領各十六人，分掌內外火器營訓練之事。

此外，由內營人員內選派協理事務殿長一人，署翼長

營總一人，營總三人，鳥槍護軍參領四人及額設筆帖式8人，辦理章奏文移事務。

外火器營在京西，東南長河，又換挽水河（今京密雲引水渠），北臨昆明湖，西望西山諸峰，南俯藍靛廠。

外火器營建於乾隆三十五年（1770年），有各種營房、官房一千七百多間，建在後命本營八旗滿洲弁兵移駐，俾群聚環居，便於演習。營房西門外，辟有大教場，為八旗火器營兵合練之地。內有演武廳、抱廈、配殿、看守房、月臺、門樓等高大建築。在歷史上，外火器營為清統一國家，平準噶爾、定回部、掃金川，降緬甸，鎮安南，屏衛關隴，鞏固邊疆，維護祖國統一和安定起了重要作用。

三百年後，再尋故地，營房內早已舊貌換新顏。360路公共汽車從營中駛過，營房北部正紅旗、正白旗已改建為空軍指揮學院。

因為外火器營是沿南長河流向而建，故營輪廓極不規則。整座營房似一艘揚帆啟程的航船，自西北向東南方駛去。北部正白旗和八旗檔房的突出地如船舵，南部正藍旗的關帝廟內的那根旗杆猶如高大的船桅。

外火器營眾多營房是由八塊大小、尺寸完全相同的梯形塊所組成。這樣的劃分，加上統一的建築施工，在不規則的地形上，使得八旗的房屋分配、使用、附屬設施極為合理，各旗的房屋數目完全相等。

外火器營除八旗營房外，連通八旗之間的還有南北走向三條寬六米的大街和八條中街。這三條大街分佈的也十分合理，每旗所轄的大街長度完全一樣。營內自南往北還有八條橫胡同，每條橫胡同之間再分有七條小胡同，整個營房自南往北有大小街巷六十五條之多。外火器營的內外由不營大牆區分，大牆又稱「老牆」，長四公里，由三全二驛成。營牆外有護營河，起著排水的作用。

外火器營的西門和南門外各有教軍場一座，西門碩大，為八旗會操練兵的地方，有檢閱大殿，稱「演武廳」。在西門與演武廳之間路北，有北房五大楹，進門則是院落，有各種房屋30間，為外火器營檔房，負責全營軍事訓練，火器製造和發放俸米、俸銀的辦公地點。

「七·七事變」後，日本兵侵佔了北平，也闖進了這座營房，推倒了北面的營垣，將北邊的四旗地界全部劃入他們征地的範圍。抓我們的人去為他們做勞工，修建西郊飛機場。在日偽統治的年代裏，旗營裏的人們背井離鄉，四處逃亡，北四營的營房變成了廢墟，變成了侵略者的軍營。

現在外火器營舊址，營區在周邊界，主體街道，極烽部分的老營房遺址尚存，最為顯赫的是永山宅院，今為小學校。整個宅院由兩部分組成，進大宅門，迎面為磚雕影壁。此時路分左右，達東西兩院。進屏風門，西院有北房正廳五間，南房七間，房間建築前廊後廈，院中寬闊。

東院前半部南北各有正房，倒座五間，獨西牆外有胡同一條，通宅第後院，院之北郊有房十五間，多為僕人、庫房作用。整個宅院有人物園林彩繪近三十幅，其色調鮮豔，形象逼真。

由於外火器營內生活的旗兵用家眷達萬余人，加之旗人所有的俸祿（俗稱鐵杆莊稼）待遇，強大的購買力使不少山東、山西和附近十余村的商人、小販雲集營房南門外，集市更為紅火，成為西部的一個主要的農產品集散地。

七、健銳營

健銳營，是雲梯兵，乾隆十四年（1749年）建的，又名飛虎雲梯健銳營。原是由前鋒營與護軍營內選擇年壯勇健者一千人，操演雲梯，經過幾個月的訓練，即參加了征金川的戰爭，得勝回來之後，即另組為營，名為「健銳營」。營分左右二翼，各設翼領一人，並選王公大臣兼任總統，常日駐靜宜園（香山）擔任守衛。

健銳營的兵額，曾有幾次增加，到光緒年間，規定滿洲、蒙古前鋒2000人，委前鋒1000人，養育兵833人（至此已沒有護軍之額）。又征金川帶回當地番人，編銳營的總兵額是2800多人。

健銳營的總統，後改為總統大臣，無定員，由總統大臣內選派一人，為掌印總統大臣。左右兩翼，各設翼長一人（原來翼領的改稱），署翼長前鋒參領各一人，前鋒

參領各四人，副前鋒參領各八人，署前鋒參領各十六人，前鋒校各五十人。所統前鋒額內，尚有副前鋒校四十人，藍翎長一百人及筆帖式八人。統領「番子佐領」的，有佐領一人，防禦一人，驍騎校一人。並有協理事務章京若干（由本營參領內委派，無定員），筆帖式八人（內有印務二人），掌管本營的章奏、文移事務。

健銳營除演習雲梯外，也演飛馬步射、鳥槍、馳馬、躍馬、舞鞭、舞刀等技藝。

據《I光緒會典事例》卷一一六八記載，健銳營為演習水操，選前鋒一千人，在昆明湖演習，用漢侍衛十人，教習把總十人，水手一百一十人（由天津、福建水師選送），擔任教練與駕船（陸續造船三十二只）。其事例僅記到嘉慶年間，到光緒年間建立新軍，健銳營的水師可能是被裁撤了。

健銳營也沒有官學，專管教訓本營八旗幼丁，設清語教習八人，騎射教習八人，管理教學事務。

香山腳下的健銳營是征金川後另組為營的，清乾隆年間，兩次征討大小金川，第一次只討大金川，始於乾隆十二年（1747年），第二次討大小金川，始於乾隆十六年（1751年）。

乾隆十二年（1747年），大金川土司莎羅奔「恃強凌弱、不安住牧、屢侵鄰封」。清高宗諭稱：「苗蠻易動難訓，自其天性，如但小小攻殺，事出偶然，即當任

其自行消釋。」不料大金川繼續攻打魯密、章穀等地，直逼渡河口。清高宗弘曆認為：大金川番兵騷動邊境。逼近內地，其勢既甚猖獗，非僅以番攻番之策可以了事。川省番蠻，種類繁多，歷年多生事端，橫肆劫奪，自相攻殺，屢經發兵彈壓，始得寧帖。大金川既受朝廷封號，給與印信，竟敢不遵均束，連年侵擾鄰封，必須大加征伐，以靖邊氛。乾隆十二的（1747年）三月，弘曆以大金川民人與苗性相近，雲貴總督張廣泗熟悉苗情，故命其補受川陝總督，即以治苗法之蠻。

張廣泗雖身為總督之職，習於軍旅，辦理雲貴苗疆，甚為妥協，不料在征討大金川戰役上盡吃敗仗，張廣泗奏摺大金川碉樓難攻打，時雲：「臣自入番境，經由各地，盡寸皆山，陡峻無比，隘口處所，則設有碉樓，累石如小城，中峙一最高者，狀如浮圖。或八九丈十餘丈，甚至有十五六丈者，四周高下皆有小孔，以資瞭望，以施槍炮。險要尤其之處，設碉倍加堅固，名曰戰碉，此凡屬番境皆然，而金川地勢尤險，碉樓更多。至於攻碉之法，或穴地道，以轟地雷，或挖牆孔，以施火炮，或圍絕水道，以坐困之，種種設法，本皆易於防範，可一用而不可再施。且上年進攻瞻對，已盡為番夷所悉，逆酋皆早為準備，或於碉外掘壕，或於碉內積水，或護碉加築護牆，地勢本居至險，防禦又極周密。營中向有子母，劈山等炮，僅可禦敵，不足攻碉。撫臣紀山制有九節劈山大炮二十餘位，每

位重300余斤，馬騾不能馱載，雇覓長夫抬運，以之攻碉，若擊中碉牆腰腹，仍屹立不動，惟擊中碉頂，則可去石數塊，或竟有擊穿者，賊雖頗懷震怯，然卻依然如故。」

張廣泗的奏摺是對金川碉樓的最好寫照。張廣泗兵敗後，奉旨處斬。

乾隆十三年（1748年），弘曆命大學士傅恒為將，派東北三省及京兵5000，陝甘兩省漢兵15000、雲貴4000、兩湖4000、西安2000、四川1000，十多路人馬再討大金川，此次傅恒略施小計，先破小金川，再密令大將岳鍾琪宣諭招降，在恩威並施下，大金川莎羅奔頂經立誓，願意遵依六事：永不再犯鄰封；盡返所奪各土司侵地；捕獻馬邦兇犯照數呈交槍炮軍器；送還內地民人馬匹；與眾土司一體當差。

乾隆十四年（1749年）正月初三，弘曆降旨班師。

在這第一次征剿大金川戰役中，傅恒從京帶去的5000精兵。這5000精兵中有2000精兵是從香山腳下的健銳營中選拔出來的。在雲貴總督張廣泗第一次征剿失敗後，弘曆得知失利的原因在於山地中的石碉樓，易守難攻，達到了「半月旬日攻一碉，攻一碉難於克一城」的程度，於是弘曆命工部著手在北京西山腳下的方圓十多裏的山地上修築了和大小金川相似的碉樓，以達到以碉攻碉的目的。乾隆十四年實勝寺碑記中：「去歲夏，視師金川者久而弗告其功，且苦酋之恃其碉也，則創為以碉攻碉之說，將築碉

焉。——開國之初，我旗人躡雲梯肉搏而登城者不可屈指數，以此攻碉，何碉弗克？今之人猶昔之人也，則命於西山之麓設為石碉也者，而簡伺飛之士以習之，未逾月，得精兵其技者二千人，更命大學士忠勇公傅恒為經略，統之以行。——夫已習之世不可廢，已奏之績不可忘。於是合成功之旅立為健銳雲梯營。」

香山下健銳營八旗營房中的六十多所碉樓，最先在旗營中的幾個碉樓是由金川工匠親手建砌成的，有文字為記。乾隆十五年（1750年）禦制詩序中記：「朕於實勝寺旁造室為廬，以居雲梯軍士，命之曰健銳雲梯營，室成居定。茲臨香山之便，因賜以食。是營皆雲歲金川成功之旅，適金川降虜及臨陣俘番習工築者數人，令附居營側，是日並列眾末，俾予惠焉。」禦制《番築碉詩》：「番築碉，築側不在桃關之外，乃在實勝寺側西山椒。——俘來醜虜習故業，邛籠令築拔地高，昔也禦我護其命，今也歸我效其勞。」

傅恒率兵得勝回來後，昔日從京城防八旗中選派的戰士並沒有回到原來在京城內的營房裏，而是全部留了香山腳下新建的8個旗營營房中，這些得勝之兵從城中接出了親屬，開始了健銳營的新生活。

八、健銳營佈局

健銳營八旗營房分左右兩翼。香山靜宜園為龍蟠鳳翔的中心，香山北側向東的山麓猶如左翼，而香山南側的

山巒向南右翼。香山健銳營的八旗就如同這只鳳凰的雙翼，左邊四旗、右邊四旗則建在依據山岡起伏的自然地貌身軀上。

左翼四旗：最西邊的為鑲黃旗，旗分三部。往東隔著櫻桃溝流下的溪水，河東岸為正白旗，旗分兩部。再東為四王府，過四王府為鑲白旗，再東過小府村則為正藍旗。正藍旗距香山約七八裏路，與圓明園護軍營的鑲紅旗卻很近。左翼四旗以雙石嶺、二昭山、大昭山諸峰一字排開，構成了自清漪園（今頤和園）、玉泉山靜宜園的一組軍事屏障。

右翼四旗：最北面的旗營為正黃旗，由五部分組成，越過旗營關帝廟，則為正紅旗。過松堂，梵香寺本應為鑲紅旗，由於風水所致，改設鑲藍旗，而本應設在此地的鑲紅旗反而設在了最南端——南河灘溝的南北側，再南便是黃土坡和魏家村了。

鑲黃旗營：鑲黃旗營分南營、西營、北營三部分。南營在煤廠街東，旗營呈正方形，有南北、東西寬街各一條，營中房屋除幾套四合院外，均為北房，除兩條寬街外，南營內尚有八條東西胡同、南北六條橫街，營區有東西南北四座大門樓，其中東西兩門外均砌有八字影壁牆，南營有碉樓五座，均在營垣外的西北兩向，今日南營佈局依舊，形似城區內的街道，不少的滿族同胞還是居住在這裏。鑲黃西營：鑲黃西營在乾仙嶺東的公主墳旁，營區呈

東西長條狀，一條東西街將營區一分為二，有房僅三十餘戶，此營區只有東西兩門，街南街北兩排住房。東門有小路可達南營北門、西門、煤廠街。西營有一顯赫人物，為清末紹興知府桂福；其後人姓樊，仍在北京居住。碉樓兩座在營區北側牆外。鑲黃北營在萬花山前的一塊平坡上，住兵丁二十餘戶，多為北房，三排。僅在南面門樓一間，北面有角門一間，可通碧霞元君娘娘廟。再往東為佟峪村，碉樓在營門西北側，僅兩座。鑲黃小營為後建，又稱新營，在煤廠街北，北辛村後街西，佈置與鑲黃西營相同。

正黃旗營：正黃旗營占地面積較廣，由於紅山頭、學堂、大庫、鐵塔寺所隔，營區分為四處。北營在紅山北，八旗印房前。營房原有東西胡同三條，均為北房。

嘉慶年間又向南擴建三條，現存的兩間旗下老屋由寧海先生居住。此外，鐵塔寺北營房20院，均為南房；八旗學堂西側有小院九套，均為西房。正黃旗南營在紅山關南側，占地廣大，狀為西高東低，上圓下方，房屋由於地勢所限，極不規模，有北房、西房兩種。健銳營關帝廟在東北角。碉樓兩座在營區內，兩座在營南垣外側。正黃旗營房西上方即為番子營，俗稱寨子。

正紅旗營房在山神廟下，一條官道將正紅旗營房一分為二，西部為上營，東部為下營，兩營的建築均是西房。西營房內有西門、東門，參領住房在營區正中。與其他營區不同的是，五座碉樓均在營區內，檔子房在西南角的碉

樓南側。正紅旗下營呈正方形；營區中除有東西向寬街一
條外，兩側尚有小巷六條，有房六排，關帝廟在下營東營
垣內。

鑲藍旗營房：鑲藍旗營房在梵香寺、松堂南側，營區
內房舍西房、北房參半，參領房在西小院和東小院。營區
呈長方形，但缺右上角而多出右下角，狀似刀把形，刀把
之處為的是擋住其南側的贍家墳和禮王墳。營區內有南北
寬向街一條，今日正是360路、318路公共汽車行駛路線，
此處營房還有東小門、西北小門，供兵丁出入。此營房區
域內的部分碉樓和南大門門垣、舊牆一直持續到80年代中
期。在本營安置此地時，鑲藍旗的「藍」字，當「阻攔」
講，我曾在此營舊址住過多年，今家人仍在此營居住。

鑲紅旗：鑲紅旗本應安置在鑲藍旗處，風水所致，
卻安置在南河灘山溝的南北兩側。營子裏的人習稱為溝
南溝北。鑲紅旗北營在半山腰上，營上面有一高大建
築，稱為方昭，現遺址基石尚在。營區呈正方形，中間
有東西寬街一條，自上而下。兩側各有六排營房，每排
五六個院子不等。有東西營各一門。東門外有通溝南
小路和通鑲藍旗營房小路各一。溝南營房頗大，呈刀把
形，南側為營房九排，中間夾建兩座碉樓，西半部除參
領住房外，多為公用房屋，僅西邊兩排營房，約十多個
院子。此營房有門3座；南部東門、參領門前東門、西北
角門。此營有瓜爾佳後裔至今仍住在故地。

正白旗營：正白旗營為健銳左翼，由於營區的發展分為裏營和外營，旗丁稱為營子裏，營子外。外營頗大，均為北房，所有公共機構均設在外營，營建在旱河東畔，再東為四五府。外營有一舒成勳，原北京27中教員，滿旗，舒舒覺羅氏。70年代在他居住的旗下小屋牆上發現墨蹟詩鈔，引起紅學家的關注，現已辟為「曹雪芹紀念館」。

嘉慶年間，旗營由於西側的水渠所限，開始擴營，自原營區向東發展，得十排營房，均坐北朝南，旗人稱之為營子外頭或外營。外營呈豎的長方形，中間南北向寬街一條貫穿營區，東側為一至十條，西側因有佐領四合院兩所，故無三條四條，每排十小院可住近兩百戶旗丁。關帝廟在外營中部北端，一度作為學堂。外營興建後，未增建碉樓，故正白旗營的碉樓多在營北垣牆一帶，計八座。

鑲白旗營：鑲白旗營在鐵塔寺下，鐵塔寺為藏式，又名普安寺，因北山普安嶺而得名，營至東西分別為小府與四正府。旗營呈橫長方形，極工整，營中有從南至北街巷八條，其中六條為東西向營中寬街，通東西兩側營門。該營營門別致，由三個門洞組成。由於營房占地廣大，又在南北向寬街兩條便於旗民行走。南端順勢開營西南門、東南門。北牆垣有東北小門一個，順路上鐵塔寺。佐領房屋在東西寬街中的路北。四合院西為檔子房。關帝廟在西門內路北。該營有碉樓七座，除一座在營內東南角外，其餘六座在營房西北角、東北角外矗立。

正藍旗營：正藍旗營呈橫長方形，與西鄰的鑲白旗占地大小相同。由於該旗營在整座健銳營的最東處，故該營門數量設置極少，僅有東南和西南兩門，營內有南北向寬街三條，因佐領四合院和公用廳房設在中西部，故東側有南北寬街兩條，關帝廟和學房在東南角，有碉樓七座。

九、健銳營的管理

健銳營於乾隆十四年組建後，設置了以下軍政系統進行管理：掌印總統大臣，翼長，署翼長前鋒參領，前鋒參領，副前鋒參領，署前鋒參領，前鋒校，副前鋒校，藍翎長，筆帖式，前鋒，委前鋒，養育兵。

掌印大臣無一定定員，是由朝廷通過兵部任命的，多為王公大臣，官職一品，不住營內。

翼長：健銳營分左右兩翼，各有翼長一名，分管東西四旗，官職三品，住在八旗印房前面的大四合院內，約十六間，配有馬號。平時衣著為藍色戰袍，頭頂帽有藍頂、紅頂或紅花頂，主要依據平時征戰的勝績而定。待進城議事時，身著袍褂，胸佩朝珠，足蹬薄底緞靴，在他們身上可以看出健銳營軍士敢死隊的身影，大小金川的平定是健銳營軍士常說的話題。

署翼長前鋒參領：這個職務只有健銳營才給予設置，其他旗營雖也有類似職務，但不是這個名稱，如火器營稱為翼長，官職同為三品，配給大四合院一所，帶有馬號，房屋十四間。衣冠服飾與翼長相同。

正參領：正參領為每旗中的最高指導者，官職同為三品，但住房十二間，房舍一般建在本旗正中位置。房舍因是四合院結構，往往造成該營佈局缺某某「條」，使營區內旗丁街巷不對稱。

　　副參領：是本旗中輔助正參領的助手，官職從四品，住房十間。

　　委參領：是本旗中輔助正參領的助手，多做具體工作，官職從五品，住房八間。

　　前鋒領：相當於現在排級，每旗約有十至十二名。每前鋒校各管理一甲，每甲28人至30人不等。由上三旗（鑲黃、正黃、正白）、下五旗（鑲白、正紅、鑲紅、正藍、鑲藍）來決定的。官職六品，每人住房六間。

　　副前鋒校：是前鋒校的助手，每旗五人，官職從八品，住房三間。

　　藍翎長：是前鋒校的助手，相當管理日常旗務的副排級，每甲一人，每旗約十一位藍翎長，官職九品，住房三間。這個職務，在其他旗營中稱「領催」。

　　前鋒：也叫正前鋒，是正式旗兵，每旗約345人，屬下11甲，每甲約28－30旗兵。無官銜，住房三間、兩間不等，視家屬多少，功績在小決定。前鋒是旗營中的基本力量。

　　委前鋒：委前鋒在旗營中屬於二等兵，每旗約有百餘人，每兵住房兩間。

養育兵：養育兵又叫養餘兵，是富餘下的兵，實際上是八旗前鋒的後備力量，應為預備兵，每旗名額為125名。養育兵也定時出操訓練，每月有一定的餉銀，但無住房。

除了上述軍事官職階位外，營中還有一定數量的「蘇拉」，也就是營中的閒散人員。

營房裏的男人是世世代代當兵的，可是要想當兵也不是一件容易的事。當孩子長到10周歲時就到了當養育兵的年齡了，也就是說，這孩子開始可以去掙自己應得的那份俸銀了。不過這要經過艱苦的努力和一定的外因條件。當本旗驗考養育兵時，家庭都會將孩子打扮得十分俐落，因為錄取名額少，驗考的孩童多。因此，除孩子的自身條件外，還要結合這個孩子的家庭的人口、收入，幾名兵丁，一般說來，最困難的孩子的家庭會得到本旗參領的同情和錄用。養育兵是有一定的年齡段的，即10歲－17歲，如果這孩子已經超過了17歲，仍未成為養育兵，那就只好越過養育兵這一級直接考委前鋒了。

如果旗營內有委前鋒的空缺，應考人員是本旗的養育兵或未考過養育兵一段而又超過17歲的蘇拉，這時，因為考生已列在二等兵委前鋒的「旗兵」位置上，所以，射箭、舉石、摔跤三項也是比賽的內容。

旗營內如有前鋒空缺時，則在本旗中的委前鋒中比試武藝和口才及文化知識等，其中比箭有步射和馬射等，健銳營自設攀雲梯、攻佔石碉等特有內容。

旗營中的藍翎長、副前鋒校、前鋒校、委參領、副參領、正參領等軍職也依此類推，均由上一級或兩級備查，核准給予頒佈和任命。

十、健銳營的建築

　　健銳營營區內除所轄八個旗營近萬間兵房外，還有許多其他建築和附屬的公共設施。八旗印房是全營的最高軍政部門，在左右兩翼的結合部，在香山靜宜園東南裏許，坐北朝南，為方形，有房22間。圍牆高大，四角均有碉樓，極威武莊嚴。印房前東側為八旗大庫，庫西側為正黃旗北小營，原先三排旗營房，為頭條、二條、三條。道光年間向南增四條、五條、六條，所住旗丁均為正黃旗旗下。

　　印房西上坡，為香山健銳營宗室覺羅八旗高等小學，有房90多間。其實健銳八旗中不曾有太多宗室覺羅，只是八旗兵丁子女而已。

　　八旗教場：健銳營八旗大教場在紅山頭東南，與正黃旗南大營東西遙遙相對。八旗教場由閱武樓、教場、將台、馬城、梯子樓組成。閱武樓北為正門，門前有漢白玉石橋。閱武樓內部似北京城內諸城門的甕城，多為空地，東西各有一條馬道直達南北門樓，門樓為兩簷歇山頂，頂為綠琉璃瓦，舊時乾隆帝看八旗演練就在門樓閱武殿內。今人多不知南北兩城樓的作用，統稱團城。其真正名稱是，北為閱武樓，南為閱武殿，是皇帝率王公大臣檢閱旗丁操演的地方，其殿宇雄偉莊嚴，殿前的露明大廈既遮風

雨，又避驕陽。從閱武殿往南看，一覽無際。近有南北
長、東西窄的八旗教場，前有五洞馬城，再前為正紅旗下
營、鑲藍旗營，西南有實勝寺碑亭與梯子樓。

　碉樓：在健銳營諸旗營中均有碉樓，其形式是仿昔
日四川大小金川石砌藏式碉樓而建成，碉樓的作用是用
來練習攀登和防禦。攻者利用雲梯進行強攻，而守者則
居高臨下設以矢石、滾木、張弛利箭，以逸待勞。健銳
營計有多少座碉樓，眾說不一，就是同在《日下舊聞
考》中，前說67座，後說68座。簡述如下：鑲黃旗碉樓9
座，正白旗碉樓9座，鑲白旗碉樓7座，上藍旗碉樓7座，
正黃旗碉樓9座，正紅旗碉樓7座，鑲紅旗碉樓7座，鑲藍
旗碉樓7座，合計為63座。再加上八旗印房4座，閱武樓
教場的梯子樓共計68座。這68座是這樣分佈的：左翼建4
屋碉樓14座，3層碉樓18座。右翼（含八旗印房，閱武樓
教場）5層碉樓2座，四層碉樓10座，3層碉樓24座。碉樓
有實心、空心兩種，有「七死八活」講法，但教場梯子
樓正面朝東，中有門洞，人可沿梯而上。

　關帝廟：因為清廷要旗丁當忠臣，愛國、愛民族，打
仗是英勇善戰，所以每個旗營裏都有關帝廟。關帝廟多設
本旗的正北或東南角，有大有小，占地不一，大的有東西
配殿，外火器營的關帝廟僅一大間。因旗營內的家屬多不
出門，而丈夫又要出兵打仗，所以旗營關帝廟依然香火鼎
旺，以祝親人平安。

營門樓：各旗營軍士、家屬出入旗營的地方叫營門。門樓為歇山頂，門樓形式不一，最好的營門當屬香山靜宜園東門外、往正黃旗北小營的營門建築最為輝煌：拱形的高大門洞，出簷的門樓，南兩座相互輝映。此外鑲黃南營的東西兩營門外各有大影壁一座。其餘各營門大同小異。番子營營門別具一格，為塔形，營中出入須走塔下，人稱「塔門」。營門樓內，設有崗屋一間，類似今日傳達人員、警衛兵士的休息辦公室，記錄平時外出的人員。

檔子房：每旗都設有檔子房，地點建在本旗較為中心、距本旗正參領宅院較為方便的地方。檔子房內分參領辦公處、俸餉處、派差處、倉庫、筆帖行文處等，多為一個小院，有房六至八間。檔子房負責全旗每戶的俸銀和口糧，負責全旗兵丁的軍事訓練，執行旗丁應遵守的各項紀律，全旗的人口的檔案、冊籍、來往公文都存在這裏。最早，公文有滿漢兩文字，自道光起只用漢文。檔子房除了白日辦公外，一到晚間，這裏特別熱鬧，旗營中的辦事人員多在旗屬學堂、檔房、官廳內聊天，互通各人知道的最新資訊。

旗屬學堂：這是本旗稚童啟蒙學習的地方，老師僅一人，學生年齡七至十三歲不等。只有旗屬小學的優秀生才能報考翼屬小學和香山八旗官學，旗屬學堂用房兩間，外屋明間為教室、里間為老師備課和晚上睡覺的地方。晚上，營中許多大人和孩子愛來學堂，喜歡聽老師說書。老

師說書時，連說帶比劃，說到精彩處，大夥齊叫好，學堂冬季用的柴禾是大家知自送的。

官廳：多建在旗營內寬街一側，隸屬於藍翎長，領催領導。負責本旗公共的後勤工作，如夜間本旗營內治安，打更巡邏，開啟營門，打掃街巷、教場、關帝廟、檔子房、碉樓空場等處，如遇有旗營家屬糾紛，也予以解決。總之，除了軍政事務，其餘雜事官廳都負責。官廳有房3間，含庫房。相比較，昔日旗營官廳如今是居民委員會。官廳在旗營的軍政和日常生活中起著很大的作用。

官廁：旗營內的旗家小院安排十分合理，靜謐而潔淨，但小院內無廁房，旗營內為此設置廁所，營中人稱是為「官茅房」。官廁的打掃工作由官廳負責。由於旗營人不得務工務農，官廁內的糞便多售與營外糞戶，糞戶雇人掏走後經過清理，作出一等糞片，不少糞戶為此發財，購置房產。營房內官廁是個「肥差」，一年能換好幾家糞戶，可見油水之大。

水井：外火器營位於南長河西南，水位極高，打井取水很方便。夏日井水不足一太深，故營內有井十六眼。健銳營在西山腳下，故每旗營內有水井，數目不一，少則兩眼，多則四眼。夏日水深約兩丈多一些，不論井深水淺，井口上都有轆轤。水井在營房內還有一特殊作用，就是翼長陪大臣來視察時，需要黃土墊道，清水潑街以示對朝廷命官的歡迎和自己營房的潔淨。為了保證井水水質乾淨，

每眼井都有專人負責，在井口的上方蓋有井房。早年間水房由官廳負責，清末，水房包給了山東來京的窮人。這些山東人極豪爽，每日給老弱病殘的旗戶送水，近處肩挑，遠處車推，獨輪上載有長圓水箱，下側有兩孔，木塞堵住，用時拔塞放水，營房內經常響著吱扭吱扭的水車聲。

排水溝：由於旗營占地廣大，房屋較多，夏日到來，雨水成河，為此，營內寬街，大道兩側都有排水溝，讓水雨迅速從營區內排出。這項工作由官廳負責，冬季清掃，夏季實用。

營旗圍牆：健銳營的圍牆以地形而建，雖一樣高，但由於地勢不同，故圍牆似蛇一樣，營牆用虎皮石砌成，寬約底部3尺，頂部1尺5寸，圍牆下面外側為護牆溝，也稱護營溝。溝兩側均有青草，夏季，護牆溝內也有小魚和青蛙，伏日，雨水泄去，一種叫油葫蘆的草昆蟲叫個不停。

十一、健銳營的軍事訓練

健銳營成立是因平定大小金川而設，健銳營中的兵丁實則是戰役前的敢死隊。

健銳營中的軍事訓練以飛架雲梯、飛躍碉樓、搶佔制高點為主，其餘項目還有馬射、步射、馳馬、馬技、舞槍等，隸屬於健銳營的船營則在夏日訓練，八月十五在昆明湖上為皇帝、貴族和皇室成員、諸大臣表演。

架梯登樓：這是一項集體項目，攻碉樓的一方要設想到碉樓頂部有數倍的敵人在進行頑強的抵抗，攻方要在敵

人的磚石、滾木、火炮下，在最短的時間內迅速地登上雲梯，消滅敵人，佔領碉樓。訓練時，攻方先把4丈多長的雲梯放在遠離碉樓的地方，梯子的每個撐處兩側各站有一個兵丁，約二十二名。雲梯的後面還有三十名營兵，他們手執利刀，腰纏九節鞭，等候命令。待前鋒參領一聲號令，只見梯子兩側的營兵一齊將梯子抬起，向碉樓沖去。當雲梯的頂端靠在碉樓頂部時，只見梯子後面的三十名營兵一個接一個地攀梯而上，底下的營兵則大聲呼喊以壯軍威。轉眼間，樓頂上已是營兵舞刀高呼，以示佔領敵方陣地。但每當全營會操時，各旗之間進行爭先賽，故攻樓戰技項目多由兩個以上的旗營參加，從中篩選出勝負，勝者再與其他旗營勝者再決一雌雄。

馬射：滿族堪稱是馬上民族。滿族先人久居山林，嫻於騎射，多熟練掌握馬上技巧和馳騁於馬上狩獵。在馬上騎射是滿洲八旗的基本功，八旗軍兵悍馬壯，彎弓射伏，馳騁突襲，所向披靡。健銳營的騎射是分馳馬槍射和馳馬箭射兩種。馬箭手和馬槍手從演武廳教場馬道東側的馬城門洞中疾馳而出，見得南面的箭靶，便推弓搭箭，飛馳發射，瞄準靶心，命中者，本旗兵丁便搖旗助威。表演時，精湛的騎射者多「五發五中」，博得全營官兵的喝采。

馬技：是一種在會演時的表演項目。騎手在賓士的馬可以做鐙裏藏身、左右臥魚、合手大頂、左右跨躍、扯旗揚帆等高難動作。

步射：前鋒正兵個個會步射，以五槍五中為最佳。清政府深感弓箭和短刀抵擋不了外寇洋槍、洋炮的侵略，自1900年起，各旗營都配備小過膛、排槍、台槍、馬槍等較為先進的武器。

　　馳馬：此項表演較為單一，只是要求跑得快，摘下終點掛著的煙荷包。在集體比賽中，也有四馬頂針續麻式的接力賽。同樣看哪個旗營隊伍中的騎手先到終點奪得賞物。

　　清政府規定，前鋒正兵、委前鋒二等兵每天定時在本旗的小教場內出操、訓練。每旗每半月合練練一次，全營八旗則每月合練一次，因為健銳營都統每年都要來營內檢閱一次。此外，軍政考察定時來營考察兵丁和全營的官兵。健銳營全營八旗合練實為壯觀。八旗合練一開始，各旗的前鋒槍手、炮手、執刀手、執纛營兵及左右兩翼大纛旗為先導列隊站好，檢閱官們順序入主，總統將軍入場在中軍帳中坐定，接著教場中連放三通軍炮，主將臺上螺號兵分兩隊在兩面黃色大纛旗前站立吹螺號，大隊軍中的螺號一起響起，聲勢非凡。待螺號停吹，兩翼槍炮頭隊、二隊、翼隊按鑲黃、正黃、正白上三旗，鑲白、正紅、鑲紅、正藍、鑲藍下五旗各位置排定，隨後鼓起，各旗、各隊的槍手、炮手、弓箭手、騎手出列，順序從中軍將台前通過。

　　至於每旗自己的列隊表演，多分為左右兩隊，兩隊人馬進教場後在將台前站定後，左右兩隊各有小炮一門，

以鎮殿后。表演開始，兩佇列隊行走、互換位置，往返數次，回原位。這時，本旗的頭隊、二隊殿后兵隨螺號聲走進教場一頓舞殺，在螺號、炮聲中表演結束本旗的項目。

　　春秋兩季的會操表演加實彈射擊一項，每旗每甲先對空放五次，然後再實彈打靶五次。放次放台炮，需火藥2兩4錢。烘藥2分4厘，火繩4寸7分，鉛丸一個，重4兩8錢。當然，全營中登占碉台項目最佳者也會表演手持刀矛、武勇過人的登梯攻城精彩絕技。一旦春秋會操表演審核結束，全營的士兵就會鬆懈下來。不過也有要求嚴格的，鑲紅旗參領僧額布便要求自己部下每天練習軍事。一天看見手下某甲長大醉，便碎其壺給予警告。一日見一八旗子北攜籠架鳥，便拆籠放鳥。他在業餘時間專召集本旗8歲到10歲的孩子，教他們射擊、射箭、摔跤，甚至在雨中也間斷。僧額布痛下決心，要改變社會上對八旗子弟的看法，使本旗子弟成為真正的兵。這些孩子最後大多數參加過攻打庫倫的戰爭，至今旗營中的老人們還在傳頌他們勇敢的事蹟。

十二、旗營中的經濟

　　由於清政府對旗營有明確的管束制約，營中的旗民只能從事軍政公職，當兵是旗人祖祖輩輩的職業，旗人不得務農，不得與民人爭掠工地，不能經商，不得與民爭得社會經濟利益，旗人不得從藝，更不得沾染漢族的民俗和習

慣。旗營中的經濟來源有以下幾種：銀餉、俸米、節賞、紅白賞。

銀餉：也稱俸銀，領此錢時，旗人稱之為關餉。這筆銀餉直接從本營內的檔子房處領取，負責此項旗務事情的為本旗藍翎長。旗營內銀餉發放以每月陰曆初二為准，先由本旗參領簽字蓋章，再由本旗領催們乘橋車與夥計數人至健銳營檔子房辦理登記手續，一經通過，便可持牌到大庫裏去將本旗的旗餉全部領出。銀餉領出後，當日不能發放，先由各領催做好統計和銀兩的分配，所以每月初二的夜晚，各旗的檔子房內燈火通明，銀元、銅子互映，更有領催親信在幫忙分理，通宵達旦，工作不息。這些「工作人員」先將銀兩按花名冊上的銀數點好，裝入用高麗紙做的小袋之中，封面寫上姓名及錢數，以求第二天發放順利。

初三日，旗營人皆到本旗營內檔子房領取俸銀，營子裏稱之為「關餉」。每月陰曆初三日，就是天下刀子也要去領俸銀。每當初三日，旗營內發俸銀時，營外的街市，商賈也大落行情。平日時價僅一吊，到初三、四、五等日會漲到一吊一，各路小販也趁火打劫，真是旗營一關餉，涼水都貴三分。

光緒年間，旗營內關餉如下：前鋒正兵：應發4兩，實發2兩；委前鋒二等兵：應發3兩，實發1.3兩；養育兵：應發1.5兩，實發9錢；前鋒校：應發5兩，實發4兩。

　　旗營中的俸銀髮放還有一個規定，將軍下的官職每年只發兩次，即二月、八月各發一次，不似旗丁一樣月月關餉，其中翼長的俸銀每半年為130兩，實發80兩；委參領每半年為40兩，實發16兩；副參領每半年應發52兩，實發21兩；正參領每半年應發65兩，實發26兩。

　　俸米：除每月領俸銀外，旗營尚有領米的制度。當初康雍乾盛世時，國庫充實，朝陽門內建有祿米倉，南方進貢之糧米極多，初入倉時，米為白色，待入倉後，過了伏天，則因地氣侵蝕，米變得深黃，俗稱老米。做飯時，米粒膨脹，顯得顆粒大而飽滿，且發奇香，所以，市人皆將老米稱為上品。旗營人領米則稱為領「季米」，因為每季發一次。健銳營內發米日期不同，因為舊時運輸不便，糧量太多所致。左翼四旗領米為「二五八冬」，即二月、五月、八月、十一月。右翼四旗為「三六九臘」，臘月就是十二月份。領米不同領餉，是日藍翎長們派夥計分路裝車、接條巷胡同給送到家中，故營內外一片繁忙。按道理講，營內發糧與營外無關，實則不然。有的旗丁家老米存放過多，便想法換成錢或其他物件，營外百姓買去，而旗丁得到一季米則勝過月餉。故營內關米之日，旗營大小家庭，萬民歡騰，營外小販雲集，好不熱鬧。光緒年間關米數目如下：副前鋒校、藍翎長、前鋒、委前鋒關米數量是一樣的，月均發1.1石，半年則為6.6石。正參領關米與關餉

時間是一樣的，每半年發一次，光緒年間為51石，副參領為41石，委參領31石，翼長髮米最多，發61石。米質量官兵有別，官員的米質量好，細白、長大，而旗丁的米，黑烏無光澤並有發黴的味道。這是由於康雍乾盛世遺存下來的一種慣例：有米當年也不發，非得等新米儲在倉內，陳米大量積壓，顏色由白變紅方可發米，給旗丁們一種國庫充盈，米倉充實的升平祥和的景象。旗營下層人家自出生時就享有官俸、祿米的特殊待遇，旗營人吃慣了這種老米，反覺得比一般的白米要好吃得多，所以，有的旗人應邀到漢人家去時，便用黃布縫個小口袋，裝上一些老米，請主人與他一起共吃這些皇糧。

節賞：旗營裏的小孩兵（養育兵）每月雖有極少錢餉，但因朝廷有滿人不許與民相爭，所以旗營人家雖無受凍挨餓之憂，卻也不十分富裕。營中人多為親戚，每到年節，開銷驟增。有時不到關餉，家裏便沒銀子了，這裏家中恐慌，旗丁開始有顧家之憂。每到年節時，各旗營中的藍翎長便開始真寫花名冊，經參領於年前呈給總統，稟述營中兵士苦狀，請朝廷給發節賞。但呈文中絕對不敢講此節賞是為旗丁們過年的經費，只能說：天氣寒冷，購買過冬之物。至於端午節、中秋節，呈文也有說辭。節賞的數目與旗丁關餉的多少有直接的關係，為月俸銀的二分之一。節賞核發領物日期多在節前兩天，如端午節於五月初三領當月俸銀，初四便可以領端午節賞，以度「五月五」。中

秋於八月初三領當月俸銀，初十便可以領中秋節賞。新年，春節雖一年僅一度，但旗營內發錢甚多，旗營人喜稱為「過關費」，言過年如過「年關」，盼喜事待來年。

除了俸銀、祿米、節賞外，營房內還在冬季供應配給一定劈柴。在劈柴不足時，發放購買劈柴的資金。春秋兩季，每戶可得到兩包食鹽。理由是冬季來臨，食鹽可以用來醃泡蔬菜，保存魚肉和作醬油、黃醬、豆腐等這些旗營人們日常生活不可缺少的食品。

清代馬匹在行軍打仗、日常生活中起著極為重要的作用，所以清政府對養馬人員也給予特別注重，提供馬匹草料金、養馬金。

節賞之時，也有弊病產生，如吃空額，有的旗丁明明已死數年，然花名冊上依然存在，但在關餉時，其妻只能領到守節銀兩，營子裏的人們稱之為「寡婦錢糧」。反之，如兒子結婚，女兒出嫁，營房內也發「紅事銀子」祝賀，以示皇恩浩蕩。

朝廷對撫恤金也有詳細規定，數目依據死者生前的官職決定。若祖父病故，撫恤金賞給其孀婦，孀婦病故，賞其子孫。如子孫年紀尚小，也可照顧，頒給養育兵級別，得到少許終身俸銀、祿米，享受旗丁的正式待遇。

十三、旗營中的住房

在康雍乾盛世時，旗丁的生活不但豐裕而且可靠，甚至可以不花分文得到房屋、墓地。只要這戶旗人家庭的

人口不是無限制的增加，花錢不似流水，尤其是家中不只一個人領取俸銀和祿米，那麼這戶旗人家庭可以過得相當舒適。健銳營並不是每年都要外出打仗，自乾隆年後，一般的平定國內動亂多由「綠營」去辦。所以，清代在道光前，許多旗營中的旗丁整日穿著上等紗綢衫，喝得醉醺醺的，有的閒遊，有的賞花養鳥，有的在自家小院內閒情逸致。總之，在很長的一段時間裏，旗營裏的人們過著一種懶散怠慢、無所事事的生活。由於久無戰事，加上旗人特有的「鐵杆莊稼」，到了道光年間後期，八旗子弟完全失去了在關外的尚武精神，除了吃喝，便是玩樂，成了「不仕、不農、不工、不商、不民、不兵」的紈絝子弟。

各旗營官兵住房待遇是有嚴格的規定的，參領與前鋒正房住房面積相差很大。試想10間的住房相當於兩套小四合院，等於5名前鋒住它的總和。

健銳營最初的旗營房是沿襲滿洲入關前而建的。一家一戶都是以「三分三」為基準，三分三是指著小院的寬度×長度的面積，一家小院約占地55平方米，除去前面胡同的寬街，每戶實占地為48－50平方米。

旗營建造十分講究，尤其是在整體佈局及統建規劃時，旗營院落無論大小，都有門樓，都有影壁，其目的唯恐跑了風水，同時也使人們不能一下看到小院內的情景，給住戶一種封閉感。旗營內的門樓十分雅致，為道士帽型，進門後的影壁正中多有福字。因為滿族尊西為上，繞

過影壁多左行，腳下一條石磚甬道，正對屋門。在兩間房的旗丁家中，裝飾多一樣，外屋極為寬敞，進門北牆為土炕，左側有灶台和水缸。裏屋為南北大炕。西炕也有，但很窄，無法睡人，其目的是將外屋灶內的火溫沿裏屋南炕，通過西炕，再繞到裏屋北炕，達外屋北炕，順東房山山牆排出。

裏屋一般是女兒、祖母睡覺和全家人吃飯的地方。外客多不進裏屋，只在外屋炕桌盤腿而坐，吃飯、喝酒均在炕上。滿族人家很有禮貌，待子女給長輩請禮後，便會自動退到裏屋去。裏屋西牆上掛有祖宗板，上供祖宗牌位和家譜、譜單，在木板的外側，粘帖著紅色的掛錢兒，這是因為我家屬於鑲紅旗，看慣了這種顏色，正白、鑲白旗的掛錢則是白色，掛錢是用剪紙做的，極富有民旗的個性。裏屋的西南、西北牆角有炕櫃，裝些衣物和貴重物品。

旗營小院雖小，卻十分別致，佈局合理。健銳營內家家都有葡萄架，夏日，甬路兩側的葡萄葉遮天蔽日，窗下種植花木盆景，有的還養幾缸金魚。

引人注意的小院東南方的索羅神杆兒，原為祭神供喜鵲、麻雀等天禽來吃。清末，旗營裏的人都吃不飽，哪裡還有食物喂這些飛鳥，但人們又無暇拆掉，於是，這些祭神的索羅杆兒就成了年節掛燈籠的地方，以求來年過得火紅、吉祥如意。

旗營裏的人對自己住房有著明確的認識：咱們是個兵，世世代代都是兵，咱們人都是皇上的，何況房子了。今天你是參領，住10間房、兩個院子，明天你不是了，還不是得搬出來？營房裏的房是官房，除有居住權外，還有維護的不勝任。

　　辛亥年宣統遜位，旗餉時有時無。1925年，馮玉祥逼宮，旗餉皆無，各營房先後出現拆毀官房事情。1930年前後，折磚賣瓦成了京西各旗營的熱潮，健銳營營區內到處都是牆坷礫。

　　健銳營旗家小院是值得留戀的，那潔淨的院子，呈亮的玻璃，雪白的高麗紙，芬芳的花草，爬蔓的絲瓜，碩紅的石榴。小院的秋天是最美的，也是主人最為得意的時候，鑲藍旗東小院關家與眾不同，挺大的一所院子，什麼都不種，連院中的甬道都刨了，為什麼呢，原來關大爺祖上是摔跤世家，到關大爺這輩沒撂下，還招了不少徒弟，院子變成了跤場，陪著遍地鬆軟黃土的只有那石鎖、石杠和那刀槍劍戟的兵器架。

十四、旗營中的飲食

　　旗營裏的家庭最重視吃喝。早晨起床漱口後，先沏上小葉茶或高碎、高末，然後吃早點。一般的家庭幹的（主食）為燒餅，稀的為大米粥、玉米麵粥。旗營裏的重吃重喝，引得營子外面的餑餑鋪師傅們備加照顧，經常定時定點的送糕點上門。這種買賣很奇怪，當時買者不付錢也

可以，因為賣方深深知道，營子裏有鐵杆莊稼，不會賴著不還。另外，旗營人都守信用，更好面子，一般都借三還四。這些營外商販是斷斷不敢賒與其他村人的。

旗營裏家家戶戶都有點心盒，閒時便吃，圖個方便。吃飯之際，必有酒肉和適當的小菜，為的是吃「順口」。吃完晚飯要上時令瓜果，差不多的人家都存有紅果醬。當然，這情景是清盛時之景，到了民國，旗營支離破碎，哪裡還提得到吃。

旗營家十分重視歲時。「頭伏餃子一伏面，三伏烙餅攤雞蛋」，應時節令，必吃必喝。每當來客時，除自備酒飯外，多到營外飯鋪叫「盒子菜」。其實吃是一方面，二是有禮貌，同樣一件事，有人說滿族人是「窮擺譜」。比如清晨一起，舊時人們沒有刷牙的習慣，一般人起來就吃。旗營人則不同，總要在清口（洗漱）後喝一壺茶，再吃東西。理由是一夜了，肚子裏存不少穢氣，喝茶先濕一下食道，吃時覺得香、順溜，一天都有精神。營裏人為喝早茶起了一個好聽的名字「沖龍溝」。

由於營房過的是兵的生活，注重了吃喝，所以營子裏的人都十分健壯，就是到老了也很少鬧病。營中人稟承著祖先在關外狩獵的習慣多愛吃粘食，比如：春季有豆麵餑餑，夏天有酥皮餑餑，秋時的粘豆餑餑，冬天的凍粘糕餑餑。「餑餑」一詞在滿洲人中用途廣泛，只要是麵食做的食品，都要稱之為「餑餑」，就連煮包子、餃子，也要

稱為「煮饽饽」。生活好的時候，營裏人愛吃白煮肉。做法很簡單，就是將豬肉洗淨，切成大塊在白水中煮。待熟後，切成薄片，沾醬油、蒜末吃。這種白煮肉原料都比較肥，煮後切成片放在盤中如漢白玉一般，只有膠性的肉皮和瘦肉部分有些淡紅的顏色。白肉吃完，切肉片剩下的肉渣可以做肉末燙飯，煮白肉的湯放些鹽可以做「白水熬白菜」。

盒子菜多是由山東人開的肉鋪、飯館供應的，營外的飯館掌櫃很能掌握旗丁們的心理，做買賣十分精明。他們特製一種銅盒子，打開盒蓋，裏面又分成許多小盒，一般為7盒或5盒，5盒的拼成圖案像梅花，所以又叫梅花盒。掌櫃的將六七種菜分別裝在大銅盒裏，有醬肉、炒菠菜、粉絲、豬頭肉、豆芽等，吃時用大餅做皮，每樣菜都夾上一點點卷起來，吃時特別香。

涮羊肉也是營中人愛吃的，不過營中人不叫涮羊肉而稱之為涮鍋子。70年代中期，我曾回家吃過一次，僅白醋、醬油、豆腐、韭菜花、糖蒜、凍豆腐等佐料就達29樣，比我們今天看到的麻辣火鍋、鴛鴦火鍋實惠多了。

旗營裏的婦女由於吃穿不愁，所以注意力都放在服侍男人、教育孩子、孝順老人身上，管家理財是一把好手，營裏男人是不管這些雜事的。婦女們做飯是營中老人們傳下來的，俗話說：「千年的媳婦熬成婆」，她們得做飯、做菜技藝很高，而且十分符合農曆的時令。開春時吃豆芽

菜卷餅，初夏時是「糊遢子」，酷熱時吃過水涼麵，秋天吃豬肉小碗炸醬麵，起碼非得有七八種不可。冬天是旗營人最愛講吃的季節，一是天涼，二是軍事訓練不緊，三是兩節（春節、元旦）前後過，四是朝廷連續發錢，五是婚娶嫁接連不斷，即使外面天降大雪，旗營內的飯桌上也是春意融融。「打春的抻麵，夏至的涼麵，秋天的炸醬，冬天的打滷」，是旗營中的麵食四季的吃法。至於「打春的春餅，夏天的井拔涼，立秋的肉包，冬天的餛飩」，也是營中人的一種吃法。

　　旗營裏的前鋒正兵、委前鋒在營內地位最低，除了吃喝，別的都不想。室內沒有什麼傢俱，就連最簡單的八仙桌、座椅都沒有，吃飯就用炕桌，客人來了，就請客人上炕。因為滿族人都長於盤腿從，這樣能收腹挺胸。不過盤腿坐也是整天練習，舒筋鬆馳的結果，一般人還真不習慣，小孩們一開始就是將腳伸到炕桌底下去。

　　營裏人不能老過舒坦日子，辛亥革命後，宣統遜位，營子裏的人斷了俸銀、祿米，只好賣力氣、當東西、教書或做小買賣。人們能吃窩頭就不錯了。民國年間通常吃的是拌三樣；將芝麻醬和切碎的韭菜花、辣青椒拌好，加上一點黃醬，更多的是將玉米麵和硬一些，切小塊，用盆搖勻，做煮球，拌韭菜花吃，連湯帶水，充饑肚皮。

　　窩頭是北京特有的食物，是用謙價的玉米麵或麩子做的，上面有尖，下面有洞，出鍋後狀似墳頭。而北京的片

湯，薄而透亮，浮在湯裏，猶如薄紙一般。每當看到這裏，旗裏老人總是說：「過去咱吃兩指在上，八指在下（指吃水餃時的擠餃子的動作），現在可好，吃一指在裏九指在外（指做窩頭的動作），吃的是：看著墳頭帶燒紙。」墳頭指是窩頭，繞紙指的是薄面片。在舊社會，很多的人家連窩頭、片湯都吃不上，營裏人吃慣了嘴，差一點都覺得委屈，這就是大多數人很難看到的旗營人的內心世界。

十五、旗營中的衣飾

旗營裏的衣著由於官階不同，著裝也多樣。近代的軍裝為民國期間政府所發，這是宣統遜位的條件之一，營房裏的兵是民國的軍隊之一。從一張光緒年間健銳營鑲藍旗南營門衛崗冬裝時的照片看，旗兵上著棉軍裝，明扣，腰系寬皮帶。下身佈軍褲，均為灰色。腳下高腰軍靴，手持新式馬槍，頭頂大簷帽，帽中部有一圈繡帶。除了軍裝外，旗營男人在家中總是穿大褂，冬天穿棉襖，春秋兩季穿夾襖，顏色多是灰色，夏季穿著白布褲褂，腳下多穿「雙臉鞋」。這種鞋的前面有兩皮臉直向鞋尖，旗家武者多愛穿，這種鞋在營房稱為「南琴」。另外還有兩種：一為青緞或青布鞋，鞋臉圓而底尖，皮跟，緞口，臉部有一皮尖，彎曲而上，樣子很像鷹嘴。皮作純綠色，人稱「鸚哥嘴」；二是鞋臉處有綠皮鑲嵌，配以雲頭花樣，成一圓蓋式，人稱「烏拉蓋」。

　　營中男人的靴子名字叫「螳螂肚」。這種靴幫、靴底較肥，至上端筒處，前後隆凸，直起成兜肚狀，恰似螳螂腹部的樣子，所以此樣靴子稱為「螳螂肚」。此靴的上皮臉除青色外，也有用綠色的，多為旗營中練習武藝的人穿，走路一步三搖，給人一種痞氣感。其實穿者要的是螳螂肚在靴子上的作用，其意在護腳，如摔跤之際，對方以足踢腿，必先以螳螂肚迎去，則對方踢於虛空之際，腿部不不致受傷。玩票者在靴子上加縫各種皮質花樣，作為加工者，許多皮匠聚集各營門口，以待生意。

　　營中男人的襪子也很講究。普通的襪子為漂白色布、魚白色布、紫藥色布及青色布數種，穿襪以瘦小為佳，須襪臉對鞋臉，不能有斜向。襪臉為彩線所縫，顏色搭配也很嚴格，如魚白色襪用青襪臉，紫花色襪用玫瑰紫色襪臉，青色襪用白色襪臉，務必要求配匹漂亮。

　　夏天，男人著紫花布褲子。其褲腿細長，下部以窄布條繫腿，配上上身青洋縐汗衫，青白互照，著實時髦。

　　營房中男人的頭辮與明朝不同。明代，世人皆留髮，然後用布包住，謂之「攏髮包巾」，如同道士髮式一樣。到了清朝，髮式大變，將髮辮散落，四周剃去，僅留存辮頂之一部分，名字極好聽，叫「剃四外、留中原」。指愛國的象徵。至於髮辮的編法，有「三股柳」、「三編六花」之分。此外尚有「松辮」，「緊辮」兩種，「松辮」多為文人，如筆貼式、教諭等。「松辮」的形式是在髮際

之首先不紮，須留出一部分再開始紮第一個發花。通常第一個發花始於脖子之處，以此排列而下，至適中的部分為齊，再以下部分稱為「辮梢」。當然也有頭髮短的，這也有辦法，在編發時，加續假髮，順序而往下編，營人稱之為辮簾子。編發是一門手藝，續辮絕不能露出半點痕跡盡可亂真。除文人的「松辮」之外，營中的大部分男人，多喜外觀雄壯，威風八面的「緊辮子」。「緊辮子」產生於少數無事之徒。對於髮辮標新立異，常作出種種滑稽不倫不類的怪模樣。「緊辮」一出現，營房中的男子摹仿者不斷，其樣自然發頂以下便開始緊挽辮花，越往上，越緊才最美觀，其中部辮花緊無間隙，下部辮緊小之極，髮辮編成後，或直或曲，毫不自然，但旗營中尚武者崇之為美。

營房中的婦女以天足自豪，自然會對其腳下的鞋襪裝飾一番。旗營中的女人手工極巧，所縫製的襪子多用青、白、竹布、月白四色，出門時以白色襪為上選，平時則隨其喜好而穿用。其手工之精巧，大小之合適，樣式之美觀，營外人家不能相比。旗營女人的襪子穿時講究「抱腳面」，不肥不瘦，恰到好處，與鞋大小合適。即使是襪底，他人看不見的地方也「紮花」或「萬字不到頭」。襪口之處則有「荷葉邊」、「鎖狗牙」、「紮襪花」等數種，其花樣色彩鮮明，營房裏的女孩子多喜歡穿用。

影視中多見女性旗人穿旗裝，腳下蹬花盆底鞋，實際上，營房內女人多不穿花盆底鞋。其原因是旗營中女人打

扮講究「四趁」（即平衡的意思，也作襯）。如果穿花盆底鞋而不梳兩把頭，則不成體統，讓人家笑話。旗營中的女人多梳大辮子，所以不穿花盆底鞋，況且穿花盆底鞋要有相當的工夫和較為平整的路面。初穿時，兩腳容易踏空，偶不注意，失去平衡。故營中的女孩子於家鄰之間練習之時方穿用，日久成熟，留備出閣時方有用場。平日在旗營內多穿薄底緞鞋，鞋面多為青色，鞋幫處縈蝴蝶或花草，配以白襪，既美觀又實用。

旗袍為滿洲人首創。現在旗袍則由肥變瘦，緊腰身，兩側開叉。滿旗婦女身穿旗袍，頭頂旗頭（大拉翅），腳踏花盆底鞋，顯得典雅莊重，落落大方，投足擺手，婀娜多姿。旗營婦女在著旗裝時還附有幾件佩飾，否則，營中人稱「沒有禮教」，「不正規」。一是手絹，手絹為營中婦女出門必攜之物。旗營婦女之手絹，特別講究，尤以「花絹」為上品，有花草、水鳥、動物，都鎖狗牙，而「素絹」則多為營中老年婦女用之。二是煙袋荷包，旗營裏的旗丁、婦女多吸煙，這是從關外帶來的舊習。

旗營婦女出門配帶煙荷包的顏色以青緞、藍緞居多，綴以「三藍」穗子，煙袋杆兒尤長。我見過的達3尺，煙袋嘴為綠色翡翠，堪稱營中煙袋珍品。三是掛鏡，為一小長方鏡子，隨時取鏡自照，營中有諺語：「照照嘴唇紅不紅，照照頭髮亂不亂，照照粉臉勻不勻……」，多掛在大襟的蒜頭疙瘩上，極有趣味。四是對子荷包，內裝檳

榔，以圖香氣。五是三飾兒，即三種飾物，有剔牙針、耳挖勺、小鑷子，多為銀制，攜帶於身，以求用時方便。旗營中的衣著打扮還有：馬甲、旗兒裝、大坎肩、跟頭裕褲（銀袋）、扇絡、表絹、班指、鼻煙壺等。

十六、旗營中的出行

八旗各營的旗兵的旗規、軍紀的規定。兵丁外出營區，必須請假，外出不得20華里，在外不得留宿，到點便歸。傍晚關營門前遲到者，受杖罰。打人的用具叫軍棍，是一根上黑下紅的扁形木棍，旗丁們稱之為黑紅棍，再有來劣者插箭游營。因八旗兵丁是世襲制，父親年老病殘後可以「出甲」（相當於今天的「退休」），這時，其在享受養育兵待遇或閒散無業的子弟，可以提關「披甲」（今天叫頂退），反正每家每戶最少要有一人當兵。由於旗規較嚴，兵丁們基本上不隨便串旗，不無故外出營區，而婦女們也不依門觀街。當逢年過節需要走親訪友時，兵丁必須請假，其家屬必須有人接送。健銳營旗與旗都在香山附近，基本上都是步行。至於有的姑娘外嫁給了圓明園護軍營、火器營或城裏，營門外有經官批准設立的大騾車。有的因為途中會路過其他旗營的親戚，索性步行去，途中住上一宿。

除步行外，健銳營男女老少都能騎馬。各旗都有自己的馬圈，有些旗丁家還分配了戰馬。在春秋兩季八旗會操時有跑馬一項，其目的是表示當朝帝王不忘祖先創業時

的尚武遺風。與此同時，清廷還規定：「滿族官員出門不論文武，均需乘馬，只有文大臣年過六旬，實不能乘馬者，可以坐轎。其餘者禁止。」正因如此，僕人中有「頂馬」、「跟騾」之稱呼。

鑲藍旗南營門外有一種拉人的趟子車，定時將乘車人拉往西頂、老營房、外火器營、西直門。另有一線經鑲紅、正紅、正黃、鑲黃、鑲白、正白、正藍、圓明園護軍營的鑲紅旗、正紅旗、趟子車到這兒，就能與圓明園護軍營的趟子車碰頭了。坐這種車，先來的坐前面，雙腳可以垂下，較為舒服，中部的多為婦女，後來的只能坐在車尾部，旗營人稱之為「跨車尾兒」。當人多時，連車軸上都能站兩個人，使趕車人多掙倆錢。雖然途中路不平和塵土飛揚，卻可覽鄉村野景，乘車人多相識，一路說來，卻也覺得時間很快。趕車人為了多攬客人，在車內鋪好藍棉墊或家用被褥，以使客人在路上少受顛簸。

現在的人們都說滿族人或旗人禮多，其實禮多並不是壞事。在旗營人串門時，時常有途中換鞋現象。舊時由於交通不便，小路上泥濘或塵土飛揚，滿族人串門多備一雙新鞋，這雙新鞋一直要到親戚家門口方換上，不瞭解情況的人常常提起這種事來諷刺旗人的好面子。後來，我問奶奶，80歲高齡的奶奶講：「那時候全是土馬路，馬路就是馬和馬車走的路，全是泥土，鞋上全是泥土，怎麼進人家的門，穿著髒鞋進人家的門是最不禮

貌的。今天你去串門，有地毯的人這不是還要你在門廳換拖鞋嗎？」奶奶說：「舊鞋穿在腳上，走著舒服，省勁，新鞋走長路特別"板腳"，還會磨破了腳，人還是要講究實際一點。」另外，營子裏的人無論男女的長褲下面都有腿帶子綁上，腿帶子不但乾淨，而且漂亮，兩頭有穗，一是美觀，二是便於掖進較緊的腿帶子裏面。那時候，人們認為散著褲腿是放縱，不禮貌的表現。

十七、旗營中的信仰

滿族人的先祖崇奉「薩滿教」。「薩滿教」也和其他宗教一樣。有自然沿襲崇拜的基礎，認為萬物有靈，其中也包括讓人們不能理解的解釋。「薩滿教」認為世間分3層，上層為天，是光明、美、善最能表現的神界，下層為醜與惡的地方，而中層則是我們人類、動物、植物等一切有生命力的生存的空間。人們在困惑時，請報有神通的「薩滿」，用自己特殊的神法，恭請善神，安撫惡神，為人類祈福消災，永世平安，達到人們所求的目的。除滿族外，北方的許多少數民族也同樣信仰薩滿教，如鄂倫春族、鄂溫克族、錫伯族、達斡爾族、赫哲族以及一部分長期生活在東北地區的蒙古族、漢族人。

滿族入關後，由於長期的和兄弟民族文化、民俗的接觸，形成了一個信奉多神教的民族，這裏面包括道教、儒教、佛教等。在健銳營的營房內，所供神靈多達二十多種，如王奶奶、王三奶奶、灶王爺、土地爺、山神、龍王

爺、孫子、如來佛、觀世音、財神爺等。這當中，最為崇奉的是三國時期的蜀國的關雲長。在京西外三營中，每一營、每一旗中都有自己的關帝廟，有的廟裏有兩位關帝，有的關帝塑像是坐著，手捋長髯，目觀《春秋》像，有的騎在馬上，此廟得名為「立馬關帝」廟。健銳營正黃旗大營中的關老爺廟是最大的，可以作為全營共奉的關聖廟宇，額楣上寫著「忠義神武靈佑佐通威顯護國保民精誠綏靖贊宣德關聖大帝」幾個大字。在旗營裏，關雲長是萬能之神。在旗兵心目中，關雲長是「武聖人」。關雲長的武藝高強鼓舞著旗營兵士的士氣，起著激勵官兵英勇作戰的作用，旗營中有這樣的話：「掃滅世間妖千萬，英雄勝比劉關張。」忠君、愛國、遵紀是旗營教訓的三大宗旨，旗營人在領俸銀、祿米、節賞時，都會想到自己應效忠於國家，效忠於大清皇帝，對清廷的忠君訓諭盲目信從，忠實不渝。這種封建的忠君思想一直持續到了辛亥革命的前夕。

　　旗營內每家還有家祭的活動，一是祭祖，二是祭天。滿族人祭天與其他民族不同。旗營每戶小院中都有一根索倫杆子，這種祭天專用的杆子是由健銳營各旗藍翎長統計後，統一製作的。營中人稱這支索倫杆子為「祖杆」或「通天杆」。索倫杆子立在院內東北角的一個石墩的孔中，上有錫鬥，祭時，供物擺上，錫鬥裏放著食物，讓神鴉和喜鵲、仙雀來享用。每家都有一人唱歌眾人和，熱鬧

而又嚴肅。營中有祭天歌：「一進院門抬頭看，影壁後面有神杆。這是滿族搖錢樹，喜鵲飛來神仙住。」

旗營人在供奉各路神仙的過程中，供品的擺投和貢品大多是「老三樣」。佛龕之前設置香案，陳列香爐、蠟扡兒、香筒「五供」等物。所備供品有三列，離佛龕最近的供品是蜜供，蜜供為白麵、蛋、油、糖、蜜等原料合製而成，以小細條為單位，經糖、蜜粘結後，組成體透中空，形式美觀，狀似小樓，食之有味的高檔食品。舊時，圓明園北邊的樹林外火器營南側的藍靛廠，香山腳下的門頭村，四王府的數家餑餑店都會做。供桌前的蜜供，多為特製，矮則半尺，高則2尺餘，每供5盤，稱為一堂，其蜜不化，謂有神意。到上元撤供時，除自家吃用外，常以蜜供送與親友。至今老北京人還常常點名吃蜜供，只是現在的蜜供不如舊時的好，不是太硬，就是太軟，沒有咬勁，要不就是顏色特別黑，缺少上面的紅線。在第二排的是月餅，分為紅月餅和白月餅。紅月餅皮色較紅，原料有白糖、香油、紅色素，是一種素食品，白月餅為葷餡。前者為供品，後者為平時食用。紅月餅也是每排供5碗、每碗5個，這5個月餅大小不一，故賣月餅的掌櫃管這種月餅稱為「套餅」。最大者在下部，疊落如寶塔型。最外面的供品為「面鮮」，同樣每排5碗，每碗有面鮮5個，面鮮實為用面做的食品，與石榴、桃等水果一模一樣，只是由面製作。上述三種供品自面鮮起，一層比一層高，最高的為蜜

供。旗營內置各種供品數量極大，有的便統一購買，當時不用付款，等俸銀下來，一塊交與餑餑鋪。

十八、旗營中的譜牒

姓氏，滿語稱之為「哈拉」。清代是滿族鼎盛時期，所以，姓氏也是最多的一個時期。滿族姓氏主要來自部落、居住地及金代女真舊姓，清廷入關後，一部分的滿族人將滿姓改為漢姓，多是在原滿語言的首字上作文章，首字音如董鄂氏，漢姓即為董；烏雅氏，漢姓為烏或吳；那木都魯氏，漢姓為那或南。

清代除滿洲八旗有自己的老姓外，許多少數民族編入旗籍後，如南方的苗、瑤、壯，北方的錫伯、朝鮮、蒙古等族，也把自己民族的姓融進了滿姓之中。

滿族最早的姓氏稱之為「老姓」，多是由部落構成，逐漸形成本族支別，一姓中輩數最大的稱為「老祖」，但「老祖」輩大並不一定歲數就大。至於姓氏到了每一小支、每一家，這個姓氏就發生子變化，方圓百里都是一個姓，所以這個部落的家家戶戶便不在自己名前冠以姓氏，反正都是一個始祖，一個姓氏。於是便出現了人們提到的滿人指名為姓的問題。「一輩一姓，輩輩有姓」也開始應運而生。其實若問他們老姓，他們也會知道的。滿族老姓有多少，說法不一，多以679個基準。如赫舍裏、撒克達、尼瑪、紐祜祿、覺爾查、馬佳、伊爾根、喜塔拉、舒穆祿、輝發、納蘭、布尼等。在同宗面前，老姓舍在一邊，那麼

名字的第一字，往往就成了下一輩人在同宗中的新姓，如榮、多、閃、德、祿、修、順等，是吉祥喜慶之字。

滿族人原沒有字、號、台甫等進一步解釋自己身世、愛好、才能的符號。進關以後，官場之風也吹入了滿族的姓氏之中，一些文化人會主動送上為您準備的字、號，使您聽著舒服，於是滿族姓名中又吸收了許多漢族中的文化。比如，先人老姓富察，名玉山。在一般稱呼時則姓玉名山，於是有友送字曰「寶石」，玉山必有寶石，兩者相得，一生無窮，遂索銀十兩。先人聽了十分高興，趕快給人錢，與坐同仁聽了齊呼請客。

旗營裏的名字以「子」為多，如順子、德子、六子、福子等，等到長大了，「子」字就變成了「格」，內含「哥」的意思。

旗營中的姓氏，必然涉及到家譜。滿族最初並無家譜，進關以後，受到漢族文化習俗的影響，為了表明自己家世的高貴和淵源，為了宏揚祖先和啟迪後人，也採取了「明世系，列支派，定尊卑，正人倫」的系統整理家世的方法——續家譜。

旗營裏的家譜多是從京城裏帶來的。我見過的多為康熙年間後期立的。真正的健銳營的家譜多是續，由於健銳營二掃金川，聲譽大增，為祖上爭光，為後人立樣板，立表率，續家譜當仁不讓，於是健銳營內續家譜風氣大盛，重視譜牒程度甚至超出了漢族。

旗營續家譜一般選擇龍年或虎年。有錢的、富餘的家庭所續的家譜為譜書，貧困的家庭則多為譜單。比較完整的滿族家譜中應有以下幾項內容：譜序、族源、世系表、移駐、家訓、恩績錄、官績表、祠宇、墓圖、先世考、軼文、先人遺著名篇、列傳等。而譜單為圖表式家譜則很簡單，多用柔軟、耐折的宣紙、高麗紙甚至是用黃綢、白布，其目的就是易於保存，易於收藏，並經常請出祭祖。

每逢祭日，旗營中屬於同一支的家族便將家譜從祖宗匣中請出來放在供桌上，全家族人前後跪拜，以示不忘祖宗恩德，孝敬祖宗，祈求祖宗保佑。據老人講，祭祖對孩子們也是教育。

十九、旗營中的聯姻

旗營中的婚喪嫁娶與旗營外居民截然不同，由於朝廷明文所限，所以旗營內的聯姻面極窄，多為蒙族及同族人，最遠的姻親也不會超過京城，姻親多在本營或外火器營及圓明園護軍營範圍內。

旗營內結婚開始分兩種，一為雙方各自托媒人為自己子女找，一則為大媒主動為某男或某女撮合，認為二人是天生的一對。所謂「大媒」這一角色多為能說會道，營中熱情公益的中年婦女；男子極少見。為什麼婦女做大媒的多呢？營中有「凡說成三家美滿婚姻者，大媒死後，閻王爺對其免罪，不受苦」的說法。

大媒說親，多以門當戶對為主。第一步要雙方向大媒交索「過門帖」。「過門帖」上寫的很清楚：本家某營某旗何甲，在某某佐領領導下，任何職務、住址條、門牌等。第二步：雙方各自「打聽」有否其人，此步最為容易，因為都在旗營生活、訓練，即使是在其他營旗，也同樣在很短時間內得知。第三步為相看，相看時不是由婚男婚女本人看，而是由父母、姑姨相看。相看分「明相」與「暗相」。明相是在約定日期，由女家帶女子上街或串門，男方則由大媒陪同看一看。暗相則是由大媒帶男方裝作串門，察看女子相貌、舉止。說是暗相，也得通過女方家長方可看相，旗家女兒很聰明，每當來了親戚，自知怎麼回事，權當不知。雙方看後滿意，便可過「小帖」。小帖為紅箋上書婚男婚女年齡、生日、生時，營中人稱「生辰八字」。「小帖」在家佛龕前放三天，如雙方家中無拌嘴或意外之事，大媒便可到雙方家議定合婚之事。

　　合婚有五個因素：

（1）年齡。

（2）五行中兩命是否「相尅」。

（3）女子命中是否有福。

（4）十二屬相是否「相尅」，如白馬怕青牛、羊鼠一旦休、金雞怕玉犬、兔龍淚交流，蛇虎如刀銼、豬猴不到頭。

（5）男女婚後是否有妨家人徵兆。

　　以上五條只要不發生大衝突，便可合婚。而五條均好，條條都合適的稱為「上等婚」。其後，親友、本支宗族多向男女二方道喜，共商吉日「放小定」。「小定」實際上就是男方給女家的一些小禮物，如耳鉗、手鐲等。

　　「放大定」，需有大量的食品、衣服。至此「姑娘」稱呼變成「新婦」，閨中好友此時也來幫忙或添亂，笑語常出。

　　吉期將至，男方打掃廳堂、置物、搭大喜棚，旗家小院基本上遮嚴了。隨後男方先期發出紅封紅箋通知宗親、密友，而近支的親屬多要本家親自告之，「請」字不離口。

　　吉日前一天營中稱為「響房」。廚師開始「落作」，新房點綴各式喜字，旗人不許帖「喜」，認為「喜」為「奸」字的繁寫，不吉利。被褥一一疊整齊，謂之「鋪床」，其實旗營家中根本無床，全為土炕。一時幫忙人滿屋滿院一片歡喜。隨後，全家人宣佈新房新門！任何人不得入內。

　　一到女方過嫁妝，男方便可選吉時迎娶。迎娶有「紅官轎」、「牛角燈」、「開道鑼」等術語。有「滿天星」、「上頭」、「蓋頭」、「扶轎杆」、「子孫碗」等名詞。進了男方家有「抓蓋頭」、「見禮」、「見雙禮」、「交杯盞」、「拜資」等程式。隨後一頓吃喝，席間男方嫂子帶新娘見親戚，分大小，大則一跪三叩禮，小

則請安,但不白叩,「總得給姑娘買枝花錢」。旗營中沒有「鬧喜房」這一習俗。

第二天拂曉,男方於大門及新房門「掛彩子」,由轎子鋪備辦,只要彩子一掛,女方便身價倍增,認為「姑娘給娘家做臉」了。至於以後「倒寶瓶」、「張兜」、「回門」便是小倆口的事了。

旗營中的參領、前鋒對自己部下的子女婚嫁十分重視,因為這是給本氏族繁衍後代,除官方發「紅事銀子」外,還按男方官職大小發借辦事銀子並親自到喜堂上祝賀。

二十、旗營中的婦女

古代滿族家家戶戶都供奉佛拉格托,這是滿族人心中的女神。入關以後,滿洲人吸取了大量的中原文化,出現了佛、道、儒及民間眾教皆奉的現象,婦女三從四德的約束對滿族婦女也有影響。然由於多年來的民族傳統,滿族尤其是旗營中的婦女,依然在家庭中起著主導的作用而不似《北京名勝古跡》一書說的「清代一般婦女是不許讀書的,連讀小學的權利也沒有,只能在家料理家務」的那樣。殊不知,相貌、文化、家系是選宮女的主要條件。

旗營中的女子,在稱呼、習俗、地位等等方面都有她們的特殊地方。

在旗人的稱呼上,旗營家中沒有出門的姑娘通稱「姑奶奶」,家中的侄子管姑姑通稱為「姑爸爸」,管父親的

最小妹妹為「老爸」，在這裏「老」是最小的意思，如管最小的孩子叫「老疙瘩」，管新嫂子稱為「姐姐」或「新姐」。

在旗營中的習俗上，（1）家譜中可列女兒乳名，結婚出嫁者須注明男方地點、旗籍、門第、姓名。（2）允許營內知己的婦女、女孩結為異姓姐妹，也就是漢人講的結拜兄弟。所結姐妹多以大爺、二爺、三爺、四爺……相稱。（3）營中允許女孩子穿滿族男裝並可練習騎射。（4）旗營學房中的學長一律由女孩子擔任，官稱「大師姐」，即使有的男孩子歲數大一些，也得稱呼「大師姐」。當然，在練武、摔跤時，其學長便是由男性擔任，通稱「大師哥」。（5）正月初六日，必須接姑奶奶回娘家省親，骨肉團圓。舊營中在「七七乞巧節」，相傳晚上是天上牛郎織女相會，營中婦女、女孩子要在這天晚上準備清水、彩紙、繡花針等女工飾物，以求織女賜於聰明和智慧。（6）中秋節時，旗營內在官廳擺投香案，為「月光娘娘」焚香叩拜，乞求神佑，這是旗營女人的專利，男人不得拜月。（7）旗營女子必須天足，不得纏腳。（8）滿族人留大辮子認為辮子是父母的骨血，辮子愈長，髮色愈烏黑，父母身體就愈好，愈健壯。辮子之所以盤在頭頂，是孝順母親的表現，將母親放在最高的位置。

旗營中的優撫：對於營中的婦女，有特殊的物質待遇，這一點是其他民族所不能享受到的。

（1）「紅事銀子」：旗營中的人家由於滿漢不能通婚條框的制約，所以多在本旗、本營或其他軍種的旗營人之間通婚，故有「旗營裏的人——非親即友」一說。鑒於此，旗營內婚嫁的禮俗和隆重程度都十分顯耀。為此，旗營內的檔子房就會上報，同時發給男女兩方「紅事銀子」以示祝賀。

（2）祿米：旗營中未嫁女子均有祿米，每季發一次，但女子不當兵故無俸銀。

（3）白事銀子和寡婦錢糧：旗兵死後取消其錢糧並再挑缺時，旗營內先發其妻白事銀子。如其婦「守節」，則再發應得錢糧，每月須其妻親自領取。

（4）孤女錢糧：旗兵死後若公遺親生女一人，無兄無弟，錢糧照發給這女子。

旗營中不納妾，旗營裏的男人是世襲八旗兵制度，只知道效忠朝廷，效忠國家，對家庭裏的事什麼都不管，家庭都由婦女主事。時間一長，男人在家裏就成了「吃涼不管酸」的「甩手掌櫃子」，媳婦稱夫「油瓶倒了也不扶」。所以旗營裏面婦女不受歧視，而且說話很有分量。清末每當男人談論誰家媳婦幹活不俐落，辦事沒主意，女人比男人笨的時候，准保有一些女人站出來說：「女人怎麼了，西太后、老佛爺也是女的，不是照樣管理大清朝，不是照樣管你們這些戴把的？」

造成旗營內婦女地位偏高的因素是：

（1）順治入關時，才6歲，如果沒有母親，不沒有太后，大清國豈能順順當當地建立？

（2）八旗女子中有被選入宮內，成為「秀女」，最後走「選妃」、「立後」的道路，從而改變家庭、家族在旗營中的地位。

（3）清末慈禧太后的「垂簾聽政」是女人干預了國政，接連聽政了同治、光緒兩朝。女人能管得了國家，怎麼就管不了咱們家。

旗營家的女性受家教極嚴。對姑娘家教更嚴，讓她們自幼養成懂禮貌、知法度、忠厚老實、辦事為人不走樣，雖然不同男人從軍打仗，不能失了規矩。由於旗家姑娘從小理財，勤儉持家，所以深受父母及兄弟的尊重。即使姑娘出閣了，作為新媳婦、新姐姐，也會恪守「婦道」，遇事不卑不亢，在婆家以自己的一言一行來維護娘家的尊嚴，絕不參與分家產，有時還會把族中最高長輩請出來做弟兄分家的仲裁人呢。正因如此，出閣的姑娘一回娘家，娘家人便會高呼「姑奶奶」回來了，「姑奶奶」在家有絕對權威。在娘家說話算話，可以拍板定調，娘家大小事都要先徵求姑奶奶的意見方可去辦。

婦女在旗營中的地位與娘家也有很大關係，這一點與其他民族不同。滿族小兒一出生就全都是姥姥家的事，而且是白盡義務。姥姥家的舅舅、姨在外孫、外甥身上下的心血要勝過自己本姓的孫子、侄兒（女）。滿族孩子滿月

時「挪騷窩」，就是娘家接姑娘帶孩子回去住上一個月。當然，滿族人也心疼女婿，滿族人叫「姑爺」。俗話說：「丈母娘疼姑爺——為的是女兒。」

二十一、旗營中的秀女

旗營裏有一個極為熱鬧的日子，那就是為宮廷選送宮女。宮女的選擇是相當嚴格的，即使是在清代各朝中也不相同。清入關之初，八旗人口較少，順治朝規定，凡滿、蒙、漢八旗官員的女兒，年至13歲時，都要參加每三年一屆的挑選秀女，到17歲以後謂之「逾歲」。嘉慶十八年（1813年）規定：八旗滿洲、蒙古應行挑選女子人數漸多，下屆挑選時，除八旗滿洲、蒙古女子，自護軍領催以上女子仍照舊備選外，其他拜唐阿、馬甲以下女子不必備選。

健銳營中的老年人講，每次選中的秀女僅十餘人。因為秀女必須從旗營中的官員的女兒中選出，一般旗丁的女兒即使貌美端莊也得不到這種機遇。在整個萬餘人的健銳營裏，夠得上選宮女條件的僅有翼長、前鋒校、藍翎長等以上的百餘戶。

營中選秀女第一步先由營內藍翎長將翼長、正副委署翼長、參領家的姑娘姓名、身高、特長一一登記造冊。冊上所列之名，不許私嫁於他人，違者上至都統、副都統、參領，下至族長及本人父母都要受一定處罰。

在報名登記秀女時，如果確實是殘疾不堪入選者，需要由藍翎長、前鋒校、參領等層層具結，呈報到各旗都

統，聲明原因，由都統咨行戶部方可免選。

　　健銳營內三年一次的秀女進宮集結地點，在正黃旗北小營西側大街八旗學堂內。適時，朝廷派來接秀女的騾車堵滿小營的大道上。朝廷規定：引看八旗、內務府女子，在大臣官家中尚有車輛，兵丁、女子俱雇車乘，嗣後引看女子，無論大小官、兵丁女子，每人賞銀一兩，以為雇車之需。

　　在八旗學堂外，很多旗營中的人站在路邊看這車馬飛揚的場面，更有旗丁家屬看著人家姑娘有此飛黃騰達的機會會羨慕不已。選送的秀女騾車，每人一輛，浩浩蕩蕩，途經各旗營、村莊，都會引起轟動。

　　被選看的秀女在故宮北面的神武門下車，按次序由宮中老公（太監）領入，在門內的一塊大空地集齊，再按事先排好的名單順序，進入宮內的順貞門，讓帝後們選看。各朝選看地點不定，靜怡軒、延暉閣、體元殿是同治、光緒兩朝選看宮女的地方。選時，每日兩旗，不分旗別只依據各旗參選多少，初定六人一排，最後精選時減到兩人一排，甚至只有一位秀女。

　　秀女一經選入宮中，便在宮內服侍十多年，至25歲，方可出宮。秀女出宮時，有三大「喜事」，一為該宮女即可見到自己生身父母。二是宮女們多嫁給內務府擇配的皇帝的近支宗室。三是陪嫁銀兩甚多。即使是回旗營內自選郎君的宮女，內務府也會照數陪送嫁妝，否則一經查出，

將從重從嚴懲辦。

　　25歲的大姑娘，坐著大騾車，穿著宮廷盛裝回營也是一件大事。好事的媒人借此機會保媒拉纖，但多不成功。秀女出宮後，倚仗自己在宮中十多年的見識而自傲，擇嫁條件極為嚴格，甚至出圈。追求門當戶對和攀高枝是共有的特性。她們多嫁到火器營、圓明園護軍營的高官家中。

　　旗營裏的人在選秀女上不像今日電影、電視劇中描述的那樣不願入宮，哭哭啼啼。反之，旗營裏的人家都希望自己家的姑娘被選入宮內，甚至能得到皇帝和皇太后的寵愛，生上一男半女。因為只有這樣，自己的家庭才能改變在旗營中的地位。自己做了皇妃，整個家族都會顯赫。秀女出身的慈禧太后便是最好的一例。

　　秀女與老公（太監）雖然同為侍奉宮廷，但二者截然不同，有著本質的區別。秀女入宮只要滿、蒙、漢八旗官吏之女，而太監則要漢人中的精悍小男孩。秀女入宮前必須是全身（處女），而太監入宮前要到小刀檔子處，統一淨身，開出證明。宮女出宮門，廣受歡迎和尊重，太監出宮時已年老力衰，多在廟面中棲身苦度殘年。由此可見，旗營中的秀女與漢人中出的太監在宮中、宮外、入宮前、入宮後有著天壤之別。

二十二、旗營中的教育

　　清政府對八旗子弟兵的文化教育是十分重視的，一方面要秉承祖上騎射尚武遺風，一方面要不斷在吸取漢族的

中原文化。為此，康熙三十年，九卿議准立官學，要求
「京師八旗子弟，10歲以上者，各佐領於本佐領內選優
長者各一人，對幼童教習滿書、滿語，將此學稱為『義
學』」。

京西香山腳下外三營都有官辦義學。圓明園護軍營的鑲
黃、正黃、正白、鑲白四旗在適中之地立官學一所，設教習
二人；正紅、鑲紅合立學舍一所，設教習一人；正藍、鑲
藍兩旗因駐地較為分散，各設學舍一所，各設教習一人；
外火器營官學設在西門外，與官廳、教場高置在一起。

健銳營所屬八旗各有各的學房，只收本旗子女來學房
讀書。有的文章認為滿旗婦女是不讀書的，這是錯誤的。
滿族婦女幼時不但要讀書，稍大後便要學女工，不然長大
後無論是入宮或出閣什麼都不會，讓人看不起。

各旗學堂大小、設置、室內結構、資金拔用基本是
大同小異。學堂多為兩間或三間。學堂外屋搭著一個自
南而東、而西的三面大土炕，炕上擺放著一排排的長炕
桌子，本旗的學生盤腿坐在桌旁，初學的課文必為《三
字經》、《百家姓》、《千字文》。因為全旗的孩子都
在一個學房裏上課，學生年齡大小不等，學識不一。初
學者啟蒙的「老三篇」由大師兄、大師姐來教，年紀大
一些的學生才由先生來教。

裏屋是先生工作的地點。他一天到晚都盤坐在炕上抽
著長杆大煙袋，煙袋鍋是黃銅的，呈亮。

學堂裏十分重視毛筆字，炕八仙上放著紅模子和筆墨，有人在旁邊給學生示範，這些幫忙的先生多是本旗或本營的筆帖式，字寫得極漂亮。

那時候上學不用書包，都在旗營裏，上下學用不了三五分鐘，一塊方青布包著放在胳肢窩下就行了。

旗營學堂上學十分枯燥，一天到晚都是背、念、讀。解手時都要排隊，按順序每次外出只能出去一個。先生對學生極為嚴厲，動不動就打手板，一天沒挨過打的成了少數。挨了打，回到家裏和爸爸媽媽說時，家裏人都說先生對。

旗營學堂有「三節兩壽」制度。「三節」是端午節、中秋節、春節，「兩壽」是孔聖人的生日和本旗學堂老師的生日。除春節放冬假外，其餘那三節、兩壽只放一天。每逢過三節兩壽，學生的家長都要給先生送禮品，或糕點，或鯉吊錢。

孔聖人和老師生日最為重要，孔聖人壽誕時，老師親自帶領全體學生一塊佈置孔聖人牌位、擺供，點燭，焚香，三跪九叩，叩完頭後，老師將供品拿出一部份分給眾學生當場吃掉，然後一揮手，放假回家。老師是活人，的以過生日不用什麼供品，每個家長都做好一種熱菜，備好酒、肉、米麵和各種熟食。待時間一到，老師正中坐定受眾學生三叩頭，老師再講一通好好讀書的話，然後大家七手八腳將酒菜擺在炕八仙桌上，師生一頓海吃。等老師把壽麵吃了，壽誕大禮便宣告結束。

　　旗營裏的學房中的老師除教速食上，還講對聯、詩詞故事。最受學生們歡迎的是老師講的《乾隆下江南》、《永慶升平》、《嶽飛傳》等。但《水滸傳》是絕對不讓營子裏的人看的，書中的造反精神和占山為王的做法違背忠君思想，不准旗丁們看。

　　在健銳營的旗營學堂學習五六年後，老師會把學習好的學生推薦到健銳營的小學房。健銳八旗僅有兩所，分別設在健銳營的左右兩翼，這些學生是從八旗的學堂中選拔出來的品學兼優的好學生。左翼小學堂在鑲黃旗南營，右翼小學堂在正紅旗下營。在光緒年間，這兩座小學堂改為左右翼知方學社，當時有學生八十人，有四個班。宣統初年，各旗小學堂一律納入正軌，正式稱為某營某旗初等小學堂。原設在營中的左右翼官學堂也合併成了高等小學堂。所有學生都必須經過考試。民國期間稱為「京師西郊公立第三高等小學校」。而各旗的小學堂則改為「京師西郊第三至第十小學校」。以上學校，均收健銳八旗的女孩子。昔日八旗高等小學尚存，今為香山小學。

　　民國成立以後，健銳八旗中的俸銀、季米斷斷續續，旗營裏的人們生活急驟下降，出現了不少上不起學校的學生。正在此時，民國初年被袁世凱任命為國務總理的社會大慈善家熊希齡老先生在香山興辦了慈幼院，慈幼院在收養京畿受難兒童的同時，香山八旗的許多貧困子女也到慈幼院上了學，家父至今還津津樂道這段生活。

二十三、旗營中的紅事會和白帶子會

旗營中自發組織了紅事會和白帶子會。婚嫁雖由朝廷頒發「紅事銀子」，然旗營人的大缺點便是發多少花多少。況且旗營家中子女成家，用度頗豐，非平素多有積蓄，否則結婚時不能應付。好在旗營人極為團結，於是紅事會做為籌集結婚用資金的一種公益團體便產生了。

旗營紅事會就是為了子女未曾結婚之前籌備存多的一種辦法，所積存的資金只能作為旗下子女結婚用，其他用途概不通融。

紅事會的推為「會首」和主要負責人多為旗營中的名望高、人品好、有地位，更重要的是熱心為公，而入會者多為營中的旗家子弟。因為紅事會在當時切實可行，故營外的村民也有仿效的。

紅事會的入會，在當時稱為「上會」。每會稱為「一支」，初設為每支每月上銀一兩。每個紅事會大者有人50餘，小則也有30人。初定會期為兩年，會期結束時，可得24兩。急用可提前預支。如30人的支會，年底會上便有60兩，足以應付結婚之用。

入會人必須是未婚者，中途用資者，必須是本人結婚支用，否則，不予借支金銀。如該會會員在成立會的第二月就要結婚用支，主持人（會首）也許他提取使用，以後每月還按月上交銀兩。總之，兩年終結時，每位會員都能得到自己的那24兩或提前為自己使用。紅事會為生活不富

裕的家戶起到了解決困難、積攢錢財的機會。會員資金每月湊齊後，交門頭村街上東頭路北同興成米糧店儲存，並能得到米糧店掌櫃的「照顧」或「回扣」。

上會會員結婚時，全會人員皆因志同道合和互相幫助，多以私人交誼前往致賀，多送喜禮、喜金。故旗營家子女結婚十分熱鬧。

白帶子會是旗營中喪事出現後的一種自發組合的形式，形同紅事會。旗家領取錢糧，多為左手取來右手花出，多無積蓄。而旗營人家喪儀講究極多，花費自然很大，誰也不願將撫養自己長大成人的長輩死儀了草從事，更不能讓街坊鄰居說三道四，為了便於解決喪儀之時缺錢的燃眉之急，管事人同樣組織了白帶子會。

白帶子會的發起人，同樣叫「會首」，多為旗營中聲望較高者，能夠得到各會員的信任。每支會員少時20人，多至30人，人太多反而不好管理。上會的人以本旗人為多數。上「白帶子會」的人家中皆有年老之人，上會的目的就是留備不虞，而旗營中的人家雖父母均健在也同樣上兩份。如果家中有二老雙親，僅上會一人，上會之人必須事先聲明這支會是給父親的還是給母親的。倘若上父親一支，一旦母親去世，白帶子會絕不通融為其動用會款，而是出於個人情誼，會首寧願到處借錢，也不願為此損害自己和組織的聲譽。每當老人們知道自己上白帶子會後，全家老少都很高興，認為辦了一件大事，減少平時的各種擔

憂和負擔。會款由會首將全部交及閘頭村東頭路北同興成米糧店蓄存。

自帶子會規也規定：若起會剛剛一個月便有會員家屬去世者，會首也照樣提銀，絕不會耽誤會員使用。如果起會剛剛一個月，恰有幾家喪事，會金不夠，會首會開會，臨時向全體會員提前徵集，以免影響死者家屬的喪儀。這也算是「十年九不遇」的稀罕事。

由於白帶子會的組成人員多為哥們或拜把子的盟兄弟，所以，不論哪一位會員家出了喪事，會首都會通知全體會員，號召、安排喪禮上的各種應酬，即使不是盟兄弟，只要是該會會員，就必須按會規辦，自備白色孝帶子一條，與其他會員協議弔祭之禮，多少出點份子錢。

旗營老人對白帶子會十分支持，抱著極大的希望。他們心裏明白，一旦自己不在人世，既不會給兒女造成經濟上的困難，而且有這麼多的孝兒，肯定熱鬧，引得鄰里的看重，自己雖然死了，面子上也好看。故白帶子會一經提倡，旗人家庭中的老人便親自會資，讓兒子去當會員。

二十四、旗營裏的文體活動

香山腳下的雲梯飛虎健銳營尚武精神更為突出，而旗營中的文化娛樂方面也有極其顯著的民族色彩。

尚武方面，有摔跤：摔跤在旗營子裏最為普遍，因為朝廷中有這一特殊的行業，官稱「善撲」。有這種技藝的

人家稱為撲戶。撲戶們稱摔跤為攢跤。旗營內的跤場是男子漢大顯身手的地方，平日大家都在這裏練習，逢年過節請兄弟旗營的高手來營比賽或表演。每年在旗營中都進行選拔賽，優秀者可進宮成為御前護衛，這也是普遍旗人走出平民百姓家庭的一條出路。

單杠：旗營中的單杠均為木制，因為舊時鐵棒尚未普及。兩根木樁從上至下對等的鑽了三個孔，然後將木棍子插入孔中。鑽三個孔的止的是為了調節木棍子與地面的高度。木樁的底部多插在廢舊的磨盤上，用於堅實固定。其練習動作單調，只能做引體向上，從而鍛煉胸部和兩臂的力量。

舉石擔：將堅硬的石塊鑿成石鎖狀，練習腰部和臂力。其形狀不是今天的掛鎖，舊時的鎖底部寬大，橫梁平直，供兩個鎖鼻使用。其表演手法多樣，有正扔、反扔、跨扔、背扔，至於接法，有正接、背接、肩接、頭接、肘接，其目的是增加腰部的靈活性和雙臂的力量。

狩獵：因為健銳營的八個旗營都建在山坡上，故打獵也是旗營中男子喜歡的活動。山上有狼、山豹、狐狸等較大的動物，還有野兔、山貓、斑鳩、山雉等較小的動物。打獵前，要經過本旗營的佐領消假，否則將以私出旗營而受到責斥。

除了上述各種體育活動外，經常舉辦的比賽還有掰手腕子、踢石球、珍珠球等活動。

文娛方面，有票會：旗營中有一團體，專門負責本旗營的文娛活動，他隸屬於檔子房，後來成了官辦自助形式，稱之為票會。旗營中的佐領以上職務者多不擔任會首一職，但每次活動都會作為貴客出席。其中的原因有二：一為朝廷不讓七品以上官員介入旗營，更不讓社會上的粗俗侵染軍隊；二是旗人的自尊心，人們看不起演戲、說唱的藝人，即使佐領本人自己愛，也不敢涉入說唱界。

　　評書：旗營中的文娛活動方面既有文又有武，而文的方面既是唱，又有說。民國以來曲藝界許多老藝人都是滿族人，如評書界中的雙厚坪、連闊如。

　　旗營中的評書表演多半是八旗小學堂中的老先生或營中的筆帖式。這些人有文化、記憶力強，表演能國精湛，以語言刻畫人物細緻、真實，所以能「收」得住人。

　　旗營說書的地方多半在本旗的檔子房外屋。人們一邊喝自己帶來的茶水，一邊聽老先生們講書。不過，所講的內容多半都是忠孝之事，如《三國演義》、《施公案》、《三俠五義》等。有關造反的和不滿統治者的內容則不許說，如《水滸傳》、《瓦崗寨》等。

　　八角鼓：八角鼓是旗營中特有的一種表演樂器。其樂器是形狀為八角，象徵八旗官兵「精誠團結，威震八方」。表演者左手持鼓，右手指彈鼓面，同時手搖鼓身抖動，鼓邊裝飾的絲穗在擺動中上下翻飛。鑲紅旗關家表演

八角鼓為單傳，其抖、搖、顫、轉、磕等技法別具一格，而擊鼓的彈、捶、打、掃、溜、滑等更為一絕，加上演唱時口字清晰，聲情並茂，其幾代表演的形象讓人們稱頌和懷念。

彈弦子：今日稱之為彈單弦。樂器以三弦為主，演唱中主要以多個曲牌子組成，常見的有太平年、雲蘇調、南城調、怯快書、南鑼北鼓、羅江怨、焰口等，其曲調旋律悠揚變化，適合表現各種現實題材，所以自編自演的人很多。仍以鑲紅旗溝南老關家表演技法最佳。

打燈虎：打燈虎就是今天我們說的猜謎語。旗營中的猜謎內容範圍很廣，通俗的謎語連旗家婦女都猜得著，而高層次的謎語要定期的到外火器營、圓明園護軍營中去取。每月兩次，每次編10個新燈謎，供對方猜，猜對多者為勝，自然每旗都會派高手出面，目的是為本旗營爭得面子。如果本旗營中的燈謎高手仍猜不出兄弟旗營送來的謎語，佐領們須將筆帖式出的謎語抄出，懸掛在檔子房外屋內，供全旗營的人來猜。當然也有猜不出的，那只好在下次交流時，備些禮品登門求教了。好的謎語往往一經點撥，茅塞頓開，令人拍案叫絕，讚歎不已。

健銳營因設在山坡上，所以旗營中的成年人都養鴿子、養鳥、養昆蟲的愛好。鴿子在營中稱為「氣蟲」，往往因鴿子造成兄弟旗營不和或與附近村落的村民發生中角，而為鴿子鴿主上房，給旗營中的管理、維修，造

成麻煩，因為旗營中的住房都屬於官家的維修，費用均由官家出資。凡是在旗營中養鴿子的，多由佐領親自批准。老年的旗人都安守本分，一般不讓自己的孩子養鴿子，免得惹是生非造成親友失和。

養鳥：旗營中的男子多愛養鳥，放鷹，捉兔，但要受到很多的限制。放鷹，捉兔一般都是由馬甲帶領，整隊出發，整隊回營，勝利品統一分配。舊時山上各種鳥兒極多，老西、燕雀、黃鳥是旗營中養的最多的品種。由於旗營內的人家都自成院落，所以不少人在清晨飲茶後，都將鳥籠集中在檔子房前，屆時百鳥齊鳴，甚為壯觀。

養昆蟲：夏末秋初，在旗營內外，到處可以聽到蛐蛐、蟈蟈和油葫蘆的叫聲。營子裏的蛐蛐多半都是被行家裏手淘汰的，真正能參加比賽和聽叫的還要到山上去捉。鑲藍旗西面的冊上有兩座藏式建築，名曰：方昭、圓昭。這兩個地方的蛐蛐個大、善鬥，多出勇冠「三軍」、力震三秋的極品。油葫蘆多在山溝及進邊泉旁，為老年旗人所喜好。油葫蘆叫捍間長的其價值也就好，最好的名為「十三悠」，「十五悠」及「十九悠」。秋後的母蟈蟈揣上了仔，也能賣個好價錢，因為旗營裏不少人家都會繁養蟈蟈、油葫蘆。

西山腳下產著一種昆蟲，營子裏的人稱為「金鐘兒」，其個比蛐蛐體形稍小，頭小、翅寬，叫聲悠悠，可半小時連續不斷，很受旗營中老年婦女們的喜愛。

　　旗營中還熱衷於入風箏。風箏在旗營中稱為縈燕，可能以形得名，用細竹篦子縈成燕形，罩上紙，牽線飛舞空中。健銳營中的風箏，與眾不同，年年在教場上的表演中奪魁。相傳在健銳營中有一們縈風箏的高手，這便是正白旗的曹雪芹。

　　旗營中的風箏，與眾不同，年年在校場上的表演中。健銳營中的風箏常見的有黑鍋底、紗燕、肥燕、瘦燕、八卦、蛤蟆蛄朵、屁簾兒等。放風箏不分男婦，春天時，旗營中許多女孩子在旗營外和營內寬街上放，引得不少中年婦女關注，營中人謂之「放青」。

二十五、兩個特殊的旗營

　　番子營是清政府軍事力量的基本編制之一，由為數不多的少數民族組成。

　　「番」，在清政府時，是對西南少數民族的統稱，但有一點可以說明，「番」字不能簡單地列入有歧視、侮辱名詞的範圍。京城最早出現番人的文字記載在清乾隆十五年（1750年）的《番築硐》和《賜健銳雲梯營軍士食即席得句》的序文中，而後又在乾隆四十一年（1776年），二掃金川時出現，詳細講到阿桂在乾隆四十一年時所俘番童有習鍋莊（藏族或西南少數民族中的一種歌舞形式）及斯甲魯者，即番中儺戲。可見，番子營的形成是由兩次番人入京形成的。

　　第一次入京的金川番人為數不多，僅為築石硐的工匠

而已，其目的是通過這些金川人掌握石碉的長處及短處，達到以碉攻碉的目的。

第二次金川番人入京是二剿金川將領阿桂帶回來的。此次入京的多為樂工，其中包括婦女和兒童，這些人能歌善舞或有一技之長，不像有的文章所撰：對於俘虜中的大小金川土司莎羅奔、澤照、索諾木等人，午門獻俘後處死，其餘的為了標榜皇恩浩蕩被免死編入香山八旗，指令駐在實勝寺兩邊半山腰上，名義上是可以山居，免得不習慣，實際上是在八旗軍的監轄下生活。他們住的地方被稱為「番子營」、「苗子營」或「小營」。

試想，如果這些金川番人不是能歌善舞，阿桂能千里迢迢地把他們帶進京城嗎？這些人應是阿桂有意從金川地域征來的金川藝人，以迎合清政府和乾隆皇帝的需要。

從康熙到雍正到乾隆三十六年（1771年），全國多次爆發農民起義，在眾多的俘虜中，為什麼單單把金川番人帶到京師？因為這些人對當地的音律十分熟悉，十分精通，表演藝術相當嫻熟，可以說，這些人是大小金川作為貢奉入京的。

乾隆年間，刑部侍郎張照等重新考訂新舊樂章，填寫樂譜，編纂成書，名《律呂正義後編》。書中記載：外朝大宴會中還有表演性的筵宴樂，筵宴樂中包括滿族的慶隆舞樂、蒙古的笳吹、番部合奏、以及瓦爾喀部樂、回部

樂、番子樂、廓樂喀樂、朝鮮樂、安南樂、緬甸樂等，這些樂隊均用本民族或本國樂器。

這些金川番人初到京城，仍然保留著金川時的風俗習慣。如赤腳、披髮、穿和尚領上衣、過番節。婦女則在耳、項、雙腕佩有直徑大小不一的銅環或銅圈。鑒於這些金川人在川西山區的特點和習慣，朝廷把他們安置在大昭、二昭等建築物附近。正因為把這些金川人的居住地安置在山坡上，所以有的文章又提出是皇上怕這些「番子」逃跑，讓山下正黃旗人監轄他們。試分析，這些人要想跑回四川西部山區，有這種可能嗎？金川番人之所以被安置在西山山麓，一來符合他們的生活和習慣，出門見高山溝壑，俯視皆似家鄉山寨碉樓；二是這些樂工到圓明園或後來到頤和園表演途中順利。從香山健銳營到圓明園一路僅十余華里，要途經本營的正黃、鑲黃、正白、鑲白、正藍等旗營，經過圓明園護軍營的鑲紅、正紅、哨子等營，可謂安全，不會讓旗營中因攻打金川而死傷的健銳營兵產生餘恨。

有的文章講，別處營房的佐領都是四品官，唯獨番子營的佐領是七品官，這是因為番子營的首領不懂頂珠品極而造成的。這種說法不對的，參領在健銳營每旗中僅一名，下轄副前鋒參領、署前鋒參領、前鋒校、副前鋒校、藍翎長、前鋒正兵、委前鋒、養育兵達三百多人，而對於

番子營這樣一個小小的營寨，兵額僅五十四人，便設佐領一人，防禦一人、驍騎校一人、領催四人，這也是朝廷對這些遠來的樂工、工匠的最好管理。

1960年和1962年他曾在正黃旗關寶善先生帶領下進寨子兩次，印象是整個營區不大，狀如鵝卵，北邊寨牆檔西較直；寨內乾淨，寨內人好客，有禮貌；寨人習慣、衣著與京人無異。

從寨牆東大門而進，有過街塔一座，藏式，此為前院，寨人稱東空場，南北向長條形狀。再進二門，則可看到房屋南北排到五層，每排五六個院子。寨子有碉樓兩座，均不高大，建在寨牆外，西南、西北各一座。據說寨中最早有院落十九座，每院均三間，佐領房屋在最南邊，左右有公用檔子房。隨著人口的增加，在山坡較為平整的地方又在寨內西北角、東北角處增建近二十間房屋。寨內北側有一小門，通健銳營正黃旗南營的馬圈，寨牆西北角開有角門。

對於這些金川人究竟屬於什麼民族，眾說不一，自1962年便有爭論，苗族有之、藏族有之，壯族有之，而白鶴群先生則認為是羌族，即今日四川西北部阿壩藏族羌族自治州人。

為了杜絕後患，清高宗屢諭不必複存大小金川之名，清軍撤回內地後，便在大小金川設鎮安營，在小金川設美諾廳，大金川設阿爾古廳，後又將阿爾古廳併入美諾廳，

後又稱懋功廳，駐同知掌理屯務。大小金川自此失去地名而僅存河流之名。

1987年，阿壩藏族羌族自治州成立，首府馬爾康，轄紅原、阿壩、若爾蓋、黑水、松潘、理縣、小金、金川、馬爾康、南坪、汶川、壤塘、茂縣等十三個縣，居民有藏、漢、羌、回等族。

茂縣原為茂汶羌自治區，並產有當地特產──羌活。60年代，我國有一部描述川西羌族的電影，名叫《羌笛頌》，電影反映了中國工農紅軍在長征途中得到羌族人民的幫助，順利到達若爾蓋的光榮歷史。

健銳營營區雖在山坡地域，但也有一水軍，旗營人稱船營。清代統治者十分重視水軍，在漢軍為主的綠營中設有福建、廣東、長江三個專職水師提督和兼管水陸的江南、湖南、浙江提督。水師提督以下還有水師總兵、水師參將，統轄若干個水師營。

各水師營設有船廠，主要修造水師戰船，也修運糧船、水驛船、渡船、橋船。並有明文規定其大修、小修、拆造的年限和具體修造的內容。乾隆年間，從天津、福建的水師營中調至京城一批水性好的兵丁，要在昆明湖操練海軍，大有漢武帝臨滇池、魏武帝曹操橫槊賦詩之氣概。把這些兵丁安置在清漪園的南側，修建營房，長期駐紮。清時，清漪園西側、南側是一片廣闊的水域。這片水域北沿為今日玉泉山路、官碾房、功德寺一線，西岸從北

塢、中塢到昆明湖南路，南端即為外火器營的北營門。這塊水域由兩塊大的湖泊組成，一為高水湖，一為養水湖，水域中有一名叫金河的故道，至今仍有乾隆帝題鐫的禦碑一方。

《光緒會典事例》中記：「健銳營也演習水操，選前鋒1000人，在昆明湖演習，用漢侍衛十人，練習把總十人，水手百余人擔任教練與駕船」，船營在這一階段陸續造戰船32隻。後來寬闊的水域由於多年不曾疏浚導流，淤泥厚達數尺，水域逐漸變為沼澤和水稻地，成了著名「京西稻」的產地，這些為皇家專用的皇糧，為此地又帶來了新的名字——官場。

今日，高水湖、養水湖均已不見，昔日的船營早已成為了150餘戶的村莊，與船營過去一水之隔的後窯，現在已連成一片，再也看不到昔日湖水碧波，戰船競渡的場面了。

二十六、旗營與商市

京西外三營中數以萬計人口生息需用大量的軍餉，旗營中較高的消費吸引著眾多的商賈、小販雲集在旗營的周圍。旗營的人們若沒有這些商人小販提供日常生活的必需品，旗營也很難生活下去。旗營與商市互相依存，達到繁榮。

圓明園護軍營的商品供應點集中在所轄八旗的銜接處，如樹村、青龍橋、西苑、成府、藍靛廠、肖家河等地。

　　樹村在圓明正北，其東有正白、鑲白兩旗，其西有鑲黃、正黃兩旗。由於樹村的特殊地理位置，當圓明園護軍八旗成立後，大量的山東、山西、河北商人、小販雲集這裏，將一個極小的樹村上升到一個商業繁華的街市。由於在外省商賈中，回族同胞佔有相當大的比例，在雍正八年（1730年），雍正親敕興建樹村清真寺，供東至馬家溝、西至穆家村的回族同胞做禮拜。樹村街的牛羊肉鋪在京西三旗營中享有聲譽。

　　青龍橋鎮也是京西旗營的一條極為繁華的買賣街。不過健銳營八旗、外火器營八旗的營人很少涉足這裏。昔日青龍橋鎮主要的買賣對象為圓明園鑲紅、正紅兩旗營人，而主要的購買力量還有頤和園東西兩側的官署機構人員和家屬，包括內務府三旗以及園中的太監、宮女、雜役人員等。對於這條買賣街，健銳營，外火器營中的佐領有明文規定，本旗丁及家屬不得涉足。

　　當旗營解體後，門頭村、南河灘、北辛村、樹村等同旗營而繁榮的街市日益蕭條時，青龍橋、藍靛廠兩鎮卻因妙峰山的走會，熊希齡先生的辦學和藍靛廠的碧霞元君祠等活動又興旺了很旗一段時間。正像張定章先生《清代海澱商業瑣記》中所述：「外三營的建立，促進了一批村鎮商業的繁榮，形成了又一批商業中心」。

　　外火器營八旗佈局較為集中，加上圓明園護軍營的鑲藍旗老營房也在這裏，所以營房南面的藍靛廠街便成了京

西一帶最有名的集鎮。就連北面的船營旗人都到這裏來購買。那時，藍靛廠隔日一集，十日一大集，鎮的西岔街處有賣布的、編織物、小農具等日常生活用品，各類食品也在集市上可以購得。一些手藝人也到這裏，剃頭、修鞋、按摩、中醫等行業也到集上找主顧。外火器營的商市集中在西門外和南門外，南門外的南靛廠街從東到西有一裏半路，沿街兩側全是鋪面房，包括月盛齋的糕點、富太山煙鋪、德豐聚杠房、瘸吉的醬肉、仁昌的成線鋪。藍靛廠還是通往香山諸旗營的集中交通點，許多拉趄子車的買賣也在這裏作生意。同樣，藍靛廠街的商市也有大批的回族同胞，民族團結和交融在藍靛廠商市中表現的更為充分，建於明代的藍靛廠清真寺是外火器營的老營房歷盡滄桑的最好見證。

健銳營的集市主要集中在北邊的四王府和北辛村，南邊的則是門頭村和南河灘。這四條買賣街與健銳營相互交叉，形成了長達十多裏的商業網絡。四王府街和門頭村街南北遙相呼應，為旗營的生活起著重要的後勤供應作用。

門頭村街東西走向，然主要地帶在丁側一部，因為西村口為正黃、正紅、鑲紅、鑲藍四旗中的營人到門頭村逛街的必經之處。門頭村在健銳營未建成時便已有很大名氣，為「西山門徑」。當健銳營右翼四旗建成後，營中的購買力吸引了大量的外省籍商人，小販和藝人。在長約一時的村街上，自西側花牆起，密密麻麻的各類鋪子向東順序排

列，大小鋪面有百十號以上，這些較大的鋪面多是海澱鎮或城裏鋪面的分號，山東高人多重於糧米，山西商人多重於日常生活物件和放貸，而回族同胞多重於食品和小吃。

南河灘，本沒有這個地名，它是由於鑲紅、鑲藍兩旗沿著一條山溝南北所建後，引得一部分小商販居住而得名。

南河灘主街東西走向，這條旗營間的小買賣街與其他買賣街不同，只有路北的高號，無南側買賣街，因為南側是一條寬約20米的河灘地。舊時，山洪一下，整個河床都溢水，河水奔騰之急，十分嚇人。

及閘頭村買賣街相比，南河灘的買賣要少的多，街長約百米，有鋪號30家，但糧店、肉鋪、杠房，油鹽、雜貨等品種樣樣俱全，購買對象主要是鑲紅南營、鑲紅北營和鑲藍旗中的營人，其買賣街一直持續到了民國二十四年。

四王府村是由於溥政府興建健銳營徵用而將旗外的民人集中在一起而形成的較大村落。四王府街南北走向，昔日買賣街在四王府村街正中，東與鑲白旗為鄰，西與正白旗僅一牆之隔，長約有四百米，十分寬闊，有燒餅鋪、餃子鋪、煙鋪、棺材鋪、杠房、首飾樓、喜轎鋪、煤鋪、茶館、鐵鋪等近百餘家商號。

隨著旗營的解體和附近村民購買力的下降，四王府街逐漸走向蕭條，鋪面不能維持而導致關門者甚多。四王府街聚集了大量的回旗同胞，街的北側也有一座清真古寺。

北辛村街，其名中的「辛」應為「新」，街名來自鑲黃新營占地後，附近村民而聚集的新村落。北辛村街東口正對著鑲黃旗南營西門的八字影壁，所處之地正是南營、北營、西營、新營和香山八旗總署的中心之地。由於旗營的解體和新興旅遊的發展，北辛村這條昔日的商業街已南移香山靜宜園南北城關前的教軍檢閱場了。

二十七、旗營解體後的旗民

旗營的解體史書記為1911年前後。時值辛亥革命各省先後宣告獨立，1912年1月1日中華民國臨時政府成立。隨後清隆裕太后默察大勢所趨，遂以大計之權授於袁世凱，並令與民軍商訂遜位條件。其諭略謂：「朝廷何忍以一姓之尊榮貽萬姓以實禍，惟是宗廟，陵寢以及皇室之優禮，皇族之安全，八旗之生計，蒙古、回藏之待遇，均應預為籌畫。」後經雙方認可定議後，用正式公文照會駐京各國公使，轉達各國政府，以昭大信。於是清隆裕太后即日詔「宣統帝退位」有關條文中：「丙：待遇滿、蒙、回、藏七條」中的第五條：「先籌八旗生計，在未籌定之前，八旗兵弁餉俸照舊支放」。

旗營中的兵丁是清廷的軍事力量，所以清廷也有恩養滿、蒙、漢及其他少數民族八旗的政策。由於清廷後期的腐敗，國力日益漸微，自八國聯軍侵佔北京後，八旗的兵餉僅發到七成了。辛亥革命後，旗營中的人們享受著政府與清室的約定中優待條件，糧餉雖不多，但能照常發放，

營中人吃不飽也餓不死。旗營內是軍事單位，紀律極強，所以儘管如此，營中的人們還是不鬧事的，旗營穩定是人們看到小皇上溥儀還坐在宮裏，儘管辛亥之後社會上排斥滿族，歧視旗人，但只要營裏人不到市面上去，京師健銳營中的家庭還是萬幸的。

1915年，北京遇到了天災，一時物價飛漲，災民四起，八旗兵民的俸米也不發了，俸銀折成銅板和銀元。1919年只能領到一點補貼。人們只好到營子西邊的山上打草、摘棗，甚至開些小片荒地，因為這時營中早已不再訓練而是混吃等死了。

1924年10月23日，馮玉祥發動北京政變，囚禁總統曹錕，驅逐溥儀出宮。自此，健銳營錢糧俱斷，京西健銳營的遺民再無官方指定領導。

俸銀、俸米是旗人的命根子，餉銀的停止發放使旗人們陷入了困境。京城裏的旗人高層次的王府宅院，家有積蓄短時間內尚可。實在不行尚可變賣家中的珍寶古玩、金銀首飾、名貴家俱，甚至可以典物存款，以利息為生。京城的變通旗民只好租住他人的房屋，做些瓦木、泥水匠的小工，勉強度日。郊區還有一部分旗人，原是為其主子看墳的，幾輩子下來，這些旗人逐漸將墳圈子周圍開墾出來，種上莊稼，早已成為家民戶。這些旗人在辛亥和民國期間較為幸運，健銳營中不少人家，在最為困苦的時候投奔了這些同族親友。

最苦的當屬京西外三營中的旗民了，俸銀斷了僅半年，旗營中的參領就顧不上自己幾筆管著的旗丁了。被生活所迫的旗丁家庭，窮的只剩下兩三間屋，一圈土炕。

　　大部分旗丁仗著自己年輕，借著外蒙古宣佈獨立參加了民國征剿的討伐軍。這些旗丁由於多年缺乏訓練和討伐軍的給養不足，未曾交兵，就被蒙古的北方隆冬天氣凍死不少，灄江邊上遍是京西外三營八旗旗丁屍體。僥倖逃回來的少數人，指著兩條血水侵透的腿，向營裏的親人哭訴著這次「討伐」的慘烈經過。

　　旗營中的男人一下失去一半，失去兒子的孤寡老人失去了依靠，當月就有投水、上吊的。伴隨著親人的離去，京西外三營黑天白夜傳出哭聲。

　　為了活命，旗營中的人們紛紛走出了營房，乞討、謀生。這些人中大多數折磚賣瓦做盤纏，找個能混飯的事。最好的是健銳營中的筆帖式，寫一筆好字，這些為數不多的「筆桿子」在任之時，多為秘書一類的文職人員，除了有一定學問外，還有相當的社會關係。他們閱歷廣泛，多經上級舉薦，繼續在外三營附近的本地政府機關留用，差一點的當繕寫員。旗營中的教諭，多被附近的小學、中學收用，仍做教師。此外營中還有一些自學成才者，他們自己研究醫學，懂得診脈、正骨、按摩、瞭解藥性、命方、診證，則成了京西一帶的無照游方郎中。

　　旗營中的一部分稍有文化和社會經驗者多送禮求人，

被政府編入「員警」行列，這些人只能在地段上混，維持一下治安，靠政府發的一點薪水過日子。

更多的是靠賣力氣，進城拉「洋車」，辛苦勞累一天，勉強混上兩個棒子麵窩頭。這些「漢子」雖有氣力，卻連家都混不上，勞苦一生，連埋的人都沒有。沒有力氣的人只好蕋一些小食品，賣些落花生、糖豆、大酸棗等。女人們為有錢人家當傭人，洗洗涮涮，混個溫飽。

二十八、旗營今貌

半個多世紀過去了，香山旗營面貌如何？我又做了一次實地踏勘。我來到健銳營的正藍旗。按圖索驥，7座碉樓僅存一座，是旗營東北角處，已被海澱區列為文物給予保護。碉樓一半在某軍事機關內。正藍旗營中原佐領宅院仍依舊，戶主姓金，應為滿洲愛新覺羅氏。金老太太健談，指著道旁一棵松樹道：這兒是小廟（關帝廟）舊址，又指一低窪處說：這兒是水井。

經過中街右拐，路東尚存3間破舊的旗下小屋和欲塌的門樓，此院前有香槐，後有椿樹，稍加整理，便可看出舊時旗家風貌。

穿西門而過即小府村，村西側右有一寬大街巷，長僅百余米，商區有四王府字樣，有郵局，百貨商店等。此地雖繁華，但不是昔日旗營依賴生存的四王府街。

沿鑲白旗北營牆西行南拐，見一東西走向的街巷。問得老人，答：這便是昔日四王府的那條買賣街。街因南北

兩側住房的侵蝕，早已變得細長，失去昔日繁榮模樣。四王府街，東邊是鑲白旗。西口隔一小塊空地，便是正白旗，現空地已建成住房，四王府村與正白旗僅3米之隔了。四王府村內有清真寺一座，能使人想起，旗營中人喜吃牛羊肉的情景。

沿正白旗東營牆北行西拐，便可看到兩棵古槐已年過三百，應是建營時的見證。其戶主白紀庸，年80，其女極爽快，自言巴雅拉氏後裔。

寬街北盡頭為一小學校。校址原為昔日健銳營左翼四旗的關帝廟。今建築完整，廟為兩時的四合院，院寬大而佈局合理。再往西行，便是正白旗老營了，人們稱之營外頭。立足遠看，整個營區全部綠化，原來的檔子房、旗關帝廟、學堂及旗下老屋都已遷出，整個城域劃與植物園。被列為曹雪芹紀念館的鄂家老宅在這裏顯得有些孤零，雖其前後也有兩排老式房屋，但仍然感到「洋」了一些。正白旗老營子全部被園林局用鐵柵欄圍了起來。

離開曹雪芹紀念館，出南門為東宮村。此地與毗鄰的健銳鑲黃南營的東門有關，因為東宮村得名甚晚，先有南營，後有東宮村，東宮村不過是當初團聚在南營，正白旗營之間商人、小販日久形成的村落，否則碉樓怎建在裏面。鑲黃南營無大變化，只是東西走向的主街變得十分窄小。

行至北辛村，見一老人，世居此地，名史春生，住煤廠街39號，對香山一帶極為熟悉，介紹筆者到熊希齡

墓園去。熊希齡先生在旗營最為貧困的時刻挽救了大批困苦的家庭，旗營中很多的孩子都在熊希齡先生興辦的慈幼院中學習過，今天都已成為白髮蒼蒼的老人，在香山慈幼院校友會上都十分激動地追憶熊希齡先生和夫人對旗營孩子們的恩情。

熊希齡陵園有專人管理，極清潔。青草依依，樹木茂盛。陵園內有墓穴基石5處。其中一方碑石無字，問及管理人員，對方答道是毛彥文女士的，想當年熊公與毛女士結婚，一為66歲，一為33歲，今毛彥文女士年逾百歲，其學子桃李滿天下。

踱香山東宮門外買賣街，進南側香山正黃旗北營。當年的八旗印房猶在，碉樓矗立，甚為莊嚴。營房前後及條巷內極乾淨，八旗學堂現為香山小學，佈局變化不大，只是前院多了一者東西走向的磚牆。

過教場，登紅山頭，翻過山梁即為正黃旗南營。東南望去，團城南北的兩層歇山頂的城樓高聳入雲，梯子樓、閱武樓也極顯示其固若金湯的尊嚴。過正紅旗、松堂，即為鑲藍旗。

昔日正黃旗南營已為某軍區自駐地，昔日番子寨前面的塔門，今為軍隊駐地八一禮堂的西南角。寨子營區由三部分組成，第二層處只有三四排房立在那裏，這裏原是寨子佐領住的地方。至於寨子中的樂工們的住所還需再往西一些。隨著番子營中人口的不斷增多，營房開

始從第二臺階向西，向上延伸，此處臺階約20餘級，坡呈45度角。這第三臺階東西長約200多米，南北寬約35米，現已是陵園的一部分。值得欣慰的是，團城閱武樓、閱武廳、梯子樓等文物保護的極好。

在陳淑英老人的帶領下，我們從門頭村西口步行走向村東口。門頭村西口並不在今日的香山南路上，從昔日門頭村西口到香山南路還有很長一段距離，這段距離過去沒有名字，旗營人稱為「花牆」。

進了門頭村主街，陳淑英老人如數家珍的給我們指點述說這一間是布鋪，這一家是醬房，這兒是燒餅鋪，掌櫃子姓哈，是個回族兄弟，他對面也有一家燒餅鋪，是大教的，山東人開的。這有個煙市，開始挺紅火，後來旗人沒俸銀了，煙市、煙館也就關了。這間小雜貨鋪掌櫃子很好，能餘包關東煙，半瓶醋什麼的。這個道口叫鐵官廟，方圍幾裏的菜販子都挑著擔子到這裏來賣。街面的老買賣有杠房、喜轎鋪、牛羊肉鋪、羊肉包子鋪、煤鋪、面鋪、酒館、剃頭棚、油鹽雜貨鋪、山貨鋪、煤油店、茶館、餅鋪、棺材鋪。

當我們走到鑲紅旗南營時，看到營中人們飲用的那口水井還在，只是井水色黃味苦，不如今日晨下百米機井的水那麼清洌甘甜。正是：長白始入關，定都幽燕，香山腳下旗營連。十全武功雄風在，鞏疆衛邊。滄桑三百年，實勝寺亭有遺篇。娛樂升平歌盛世，換了人間。

淺析滿族文化──金城

時間：2006年5月22日
地點：北京香山
人物：金城
學歷：大專
年齡：78歲
民族：滿族

　　金城先生是採訪期間，作者結識到書中主人翁知識程度最高的一個，不是因為他曾經擁有家族的輝煌，而是因為與他的交流，觸及到滿族文化最深邃的那一部分。

　　　我是50年代畢業的大學生，幼小跟著曾是滿族皇室做伴讀的爺爺在家讀私塾，父親也做過翰林，在這樣的家庭，自幼得到的薰陶，自是非同一般家庭可比。

　　　金姓源自愛新覺羅氏，系出自滿語，在滿文中有金屬的意思，譯成漢語便是「金」字。西元1911年辛亥革命使清王朝崩潰後，在北洋軍閥和國民黨的統治下，滿族處處受歧視，工作也不好找。所以，許多滿族把姓改為趙、王、金姓等漢族姓氏，隱瞞了滿族的身份。

　　　由於自幼受到祖先的影響，對滿族文化瞭解比較深刻。其實，滿族文學的歷史並不悠久，它的誕生在明

末。雖然民間口頭文學往往早於作家的創作，但人所熟知的有關努爾哈赤的很多傳奇故事，也多是產生在努爾哈赤稱汗以後的編纂。

滿族的祖先逐漸由馬上移到地下，如果對漢文化沒有一定的程度，即使進入中原，也不能馬上安民。所以，為了適應入主中原後，統治具有高度文化漢族的需要，他們必須迅速提高自己的文化水平，不得不開始學習漢族的文化典籍。

根據歷史記載：

皇太極在天聰三年四月設文館，命達海、剛林等翻譯漢文書籍，其中有《通鑒》、《六韜》、《孟子》、《三國志》、《大乘經》。到了康熙時代出現了翻譯高潮。「聖祖仁皇帝欲使不識漢文之人，通曉古事，於品行有益，曾將《五經》及《四子》、《通鑒》等書翻譯刊行。」除官方倡導的譯書外，與之同時「稗官小說盛行，滿人翻譯者眾。」《封神演義》、《列國志演義》、《兩漢演義》、《三國志演義》、《西遊記》、《南宋演義》、《西廂記》、《連城璧》、《十二重樓》、《八洞天》等都有滿文譯本。

乾隆年少時便熱衷學習，文化知識淵博，特別喜愛書畫，並且寫得一手美好漢字，常在自己所收藏的名畫上賦詩題款，在我國古代帝王中，是一位非常少見欽崇漢文化的君主。非常矛盾的是，在他的皇朝統治下，卻大興了文字獄。

打小就聽爺爺談起滿族中的博學的人，把通過學習漢族語文，來提高兒孫的文化水平，因為這是關係滿族後代福澤的關鍵。

清政府對民間文化持什麼態度？金城先生說：在我能記事時，家裏時常還有親朋好友走動，從他們交談中，多少知道一些。滿族時期在文學獄的威脅下，很多滿族文人不敢公開刊行自己的作品，即使出版也有刪減。聽我爺爺說，怡親王允祥死後，雍正皇帝命令他的家屬交出允祥的作品。允祥家屬深刻認識雍正的為人，預感到他的用心險惡。乾隆時代大興文字獄，很多滿族文人不敢發行自己的作品，今天我們只能看到很多手抄本，就是這個緣故。

這些人多半是父祖遭到貶謫，個人政治上不得志的宗室貴族，彼此間志趣相投。在創作上，揭露政治舞臺充滿黑暗風險，抨擊社會風氣卑下，蔑視富貴權勢，要求個性自由，是他們共同的傾向。

剛才您提到，在當時有沒有什麼詩社文社什麼的？那時在高壓統治下，雖然不敢起文社等名稱，實際已有文社的存在。爺爺曾經有過一位名叫志潤的，這人曾為詩社編輯《日下聯吟》詩詞八卷，父親讀過我也讀過。這個文社的成員中最顯赫的是寶廷。他是鄭獻親王的後裔，官至禮部右侍郎，其實他是敗落家庭出身，青少年時代飽嘗饑寒。

根據父親留下的部分日誌，他還讀過奕繪的《九指虎兒歌》、《牧羊兒》、《棒兒李》等代表作。《番瓜洋豆歌》，種豆得豆，種瓜得瓜典故就是源自《番瓜洋豆歌》而來。那些書和日誌早就找不到了，半個多世紀走過來，已物是人非了。

我還記得爺爺時常對我講起棒兒李，那是滿漢民間發生的故事。棒兒李是金陵鼓書藝人，他偶然遇到一位由福建赦回的滿洲旗人饑餓將死。由於他「年少心腸熱，許助東歸鴨綠水。」在漫長的途中，他借賣唱護送難友出關。到家三日後，旗人便去世了，棒兒李「複因葬友傾腰纏」，因此長期飄泊在外，有家不能立即歸去。「世間翻雲覆雨諸君子，遠愧街頭棒兒李。」這在文學上是有記載的。

滿族旗人之所以在解放後難以立足社會，他們早期就沒有接觸過生產，不營工商業，坐領餞糧，過著悠閒的日子。尤其是那些八旗子弟不學無術，就是混入官場的滿官，也有的腹內空空。另外有靠門蔭炫耀世人的，有的旗人窮奢極欲，不慮後果，直到最後，只有靠拍賣家當度日。有的滿洲貴族揮霍成性，圖享受，講排場，甚至家道敗落，仍舊不能改變過去散漫的習慣。

有些人在仕途上遇到挫折，於是厭棄富貴，安於過清靜高潔的生活。有些人科考失利後，引發了對官場生活的極大不滿，遂產生拋棄仕途思想，連世俸也辭退，過起瀟灑的田園生活。有些人指出富貴並不能持久，無須恣意追求。

正如《侍衛瑣言序》中說：「……世味則備嘗之矣，如黃粱夢醒，回思舊味，不覺啞然失笑。」大家在片時春夢裏，嘗到了富貴生活的苦澀滋味，所以並不留戀。

爺爺在世時，總說金銀財富往往是殃及子孫的緣由，這些名言總是掛在我們的耳邊，讓我們好好念書，掌握真本事。

大凡蔑視、厭棄富貴的人，能洞察富貴的種種罪惡，與醉心富貴者相比，自然有見識高下、用心清濁的分別，但還不能從財勢不平等角度認識問題。維護思想純潔，品德高尚，自然勝過靈魂齷齪，行止卑污，但終究是獨善其身，對改造社會並沒有多大用處。

凍死的駱駝比馬大。我家的日子比起其他滿族家庭來說要好點，但小時候讀過關於吉年的《童丐行》到現在都不會忘記。這篇文章的內容大致如下：

吉年途經大凌河，偶然遇見一個六、七歲的要飯的兒童，他們在交流時，那個乞丐兒童告訴吉年他的身世後，讓他產生很大感觸，遂寫了一首詩《童丐行》：「父出遠行母臥病，家無儋石如懸磬；伶仃弟妹方待哺，恨兒無計養慈親；兒力孱弱難負薪，只得行乞於河邊。」吉年給他一百枚銅錢和兩個燒餅，乞丐兒童把銅錢收下，但不肯吃燒餅，把它藏了起來，說是家裏的弟弟妹妹沒東西吃已經哭了三

天。吉年聽了這番非常感動，深深欽佩這個小乞
丐，在艱難時候不馬上吃燒餅充饑，還省下給家裏
的弟弟妹妹。像這種無私的精神怎不教人起敬！

如何評價祖先人和事？對本民族歷史上人物事件，因
文字記載的歷史短暫，又且易觸犯禁忌，所以評價本族歷
史人物事件，極為審慎而且很少。

那時的作家，往往在隱忍胸中的憤恨抒發他們不敢表
達的對現實的抨擊，避免文字獄的迫害。

滿族人的氣節？習性？每個民族都有它的良莠，在馬
背上看見的都是英雄，旗人下馬各自回到縈營裏，與今天
的社會結構完全不一樣，所以那時看到的現象都不同。不
過，滿族抗侵英雄真可是拋頭顱灑熱血，不顧個人安危捍
衛疆域。有血性的文化官人也比比皆是。

就拿秦始皇來說，大家對暴君人人切齒。然而，秦始
皇為世人留下的萬里長城，統一中國文字、度量衡、貨
幣……等等功不可滅。

想必無論哪個民族，哪個朝代都有值得歌頌的。

清朝官場那種腐敗情況，最終導致了清朝的覆滅，這
一史實具有深刻的史鑒作用。關於那些表現出來的直言敢
諫、挺身抗惡的凜然正氣，確實讓人欽佩。

根據史料記載，在《江春霖奏稿簡注》一書裏，江
春霖當自己的這種行為觸怒當朝，江春霖也絲毫不貪戀官

爵，毅然以侍奉老母為由請求歸裏。「歸裝但敝衣數襲，朝衫外無他物」，真正做到了進退中繩，兩袖清風，不能不成為士林楷模、官員良師。

曹雪芹、劉庸、紀曉嵐、鄭板橋、蒲松齡等等都是清朝難得的文人，他們的民族精神與民族氣概至今猶存。

每個朝代都會暴露出社會風氣卑污愚昧的人事。其實，社會風氣的好壞，實際在於政治制度，並且是民族文化素質優劣的反映。每個統治者都想維護自己的政權，不想改變人民文化落後的狀態，與世態炎涼和社會上存在趨炎附勢的人有密切關係。從今天的拜金主義也看到當年滿族時期社會現象，拜金主義是社會風氣卑污的另一側面。

關於金錢，身為鄭親王的烏爾恭額卻有獨特的看法。他在《觀人所藏古錢》詩中指出：「錢法從來為便民，殊形詭制代相珍。誰知用到通神處，累及蒼生不止貧。」後兩句含蓄深刻，耐人玩味。有強烈金錢欲的人，千方百計剝削榨取別人，必然使很多人陷於貧困。其危害絕不僅此。由於錢能通神，還可能用金錢買官鬻爵，賄賂枉法，無惡不作。

今天的禮儀，儘管不會使上層階級那般矜持傲慢，使下層階級卑躬折節，但人與人之間的交流還存有阻隔。迷信以及靡靡之音迷漫舞臺，也著實反映了風氣卑污的現狀。晚清時代就是如此。

從今天社會看幾百年前的陋習，也就不覺得光怪離奇了。特別是當今媒體揭示了貧富懸殊的對立的兩極生活和分配不平等，官與民的矛盾，都是封建社會遺留下來的根本問題。在關懷百姓民生問題上，我們政府還應該加快步子。「試看古今興亡跡，生於憂患死於嬉。」人人有憂患意識，國家才有復興希望，這是顛撲不破的真理。

就滿族家庭對婚姻和婚前性行為而論，那時男女沒有戀愛自由，稍有越軌，必遭封建勢力的打擊。新中國的成立，算是消除了娼妓制度的存在，剝奪了婦女的人身自由，當然，對今天女性解放，男女剛認識就到一塊去了，女性把自己作為商品出賣，我們對此還是有些想法的。

早先滿族男人常年在外行軍作戰，是不管家裏的事，在大權問題上比較嚴重。婚後的婦女受到丈夫種種束縛和壓迫，甚至導致更大不幸。今天完全不一樣了，男女平等。

據文字記載，滿族上層社會婦女，深受漢族的三從四德、節烈觀念的毒害，恪守夫死守節訓條。深嘗其苦的佟佳氏在《有感》詩中描述她的孀居生活：「最是消魂處，鍾敲五夜心。雞鳴寒月落，衾薄晚涼侵。嚼蠟知滋味，茹茶畏苦吟。綱常多少事，巾幗一肩任。」佟佳氏控訴綱常名教重點迫害的是女人。在以男性為中心的封建社會裏，這一飽含血淚的指控，切中禮教的要害。在朱淑貞、李清照的詩詞中，還找不出反對禮教認識如此深刻的作品。

淺析滿族社會精神層面，儘管滿族文化人身於貴族、官吏的占絕大多數，但是在他們的作品中所體現的對漢族抗清志士、漢族文人表現的同情和平等觀念；對貪暴政治、專制統治的由衷厭惡；對歷史上是非的明確判斷；對文字獄的反動性、危害性的揭露；對有害品德的富貴生活的厭棄；對下層社會人民苦難生活的同情；對不義戰爭的痛恨；對封建禮教的鞭撻；對革新政治制度的呼喚，無一不從不同角度閃耀著民主自由意識的光芒。反映蔑視富貴名利，追求個性自由，保全品德純潔的作品。

> 很多滿族作家是上層人物，其中頗有一些人厭棄富貴名利，其原因多種多樣。追求個性自由，保全品德純潔的思想，是伴隨覺察富貴可憎而產生的。有些人目睹或親歷宦海風波，深感富貴帶來的風險可畏。進門看眼神，出門看天氣，儘量少講話。大不了放棄俸祿，退出官場，以免遭政治上牽累，這是一般明智的人選擇的最好方法。

> 另外有些人認為富貴的仕宦生活會限制生活行動的自由，改變人的思想品德，性情未免高傲，把天下的事物都看成渺小不值得。禮親王永恩，其富貴自非一般，送往迎來自然應依照封建禮法行事，體現尊卑秩序。

「不衫不履淳風古，放曠情懷迴出塵。」（《見客懶著衣冠》）永恩自以為像遠古人一樣，淡薄富貴名利、尊卑禮法，人際交往貴在知音，不應受禮法的約束。他的思想解放，超出世俗

之外。永恩用具有出世之姿的幽蘭比喻有才德者，認為它即使「空谷無知音，屢經寒暑再」依然能存活下去。

有人指出富貴往往殃及子孫。奕繪詩《兩富翁》就記述一個富翁得故事，他身為顯官，家有名園，逝世還沒到十年，兒孫便把家產揮霍淨盡，「積債若雲屯」。另一富翁位居方鎮，富貴並且好色，兩個兒子都效仿他父親的作為，二十年後，一貧如洗。奕繪告誡世人說：「弓矢與農工，可以保家身；文章與道德，可以活萬民。」唯獨「金銀與田宅，可以殃子孫。」他提醒自己的子女學習謀生的本領，「若非讀書材，但當習苦辛，慎勿恃封蔭。」

另外，還有人指出作人不應為身外的東西所連累，才能保持思想的純潔性。永恚的《枡櫚道人歌》闡述了這個觀點。他所說的身外的東西就是客觀存在富貴榮華。他認為由富貴榮華誘發的「貪癡愛欲」思想都是有害的，應該保持思想「皎潔常如鏡」。只有淡薄名利「萬斛鬥粟同一觀」，才能不讓「外物累真性」。

面對今天物欲至上的世界，「采菊東籬下，悠然見南山」，人類似乎很難達到這樣的精神境界。

八國聯軍為何沒有西班牙？——吾義

時間：2010年5月22日
地點：北京古玩市場
人物：吾義
學歷：中專
年齡：55歲
民族：滿族

　　清晨一早，作者悠閒來到北京潘家園古物市場，這裏還不見門庭若市。只是面對眼花繚亂真真假假的古玩意，別說沒有銀兩，既是有也不敢輕易下手。逛到舊書攤，地下堆著不少報刊雜誌，攤主五十來歲，正拿著一本《世界歷史風雲》雜誌在看。當他聽說作者來自西班牙，自然聊起八國聯軍侵略中國，為什麼沒有西班牙？

　　　祖先是沒有想到，百年後的今天，人類仍舊沒有忘記那場血腥的侵略。

　　　20世紀初，舉世聞名的「八國聯軍」入侵中國，已經永遠成為中華民族之疼痛，舉國之悲哀！我們不禁要問，在「八國聯軍」中為何沒有西班牙。一般人都認同曾經的教科書。忽略了歷史留下的真實記載。

是的，在我們撰寫「中國文學在西班牙」論文，專程前往西班牙國家圖書館和國家圖書檔案館查找資料，對那段歷史的知性和瞭解更加明朗化。早期或是網路上關於「八國聯軍」沒有西班牙，說是因為在1898年美西戰爭中，西班牙慘敗給美國，失去了最後的殖民地（古巴，菲律賓，波多黎各）的解析似乎約有一些出入，尤其是忽略了宗教起到的關鍵作用。

　　對方拿起雜誌，請看以下幾點對那段歷史的證實：

　　　回溯歷史，西班牙和中國之間的關係還算友善，沒有什麼矛盾和衝突，究其原因，由於自古到今，兩國間在政治和貿易上鮮有往來。雖然如此，有兩件事還是值得一提的是：

　　一、遠在十六世紀末，西班牙征服遠東的菲律賓群島後，大好喜功的國王菲利伯二世FelipeII又異想天開，曾擬就遠征中國的具體計畫，計畫中之後勤大本營是菲律賓，部隊則徵用巴斯各Vasco人和雇用日本人。但受到當時馬尼拉主教翁塞印Unsain的激烈反對，後又因「無敵艦隊」被英國擊敗，喪失海上霸權，其幻想也隨之破滅。

　　二、1900年，由義和團起義所發生的「庚子事件」，引起八國聯軍攻陷晚清王朝國都北京，逼得慈禧西走，清政府與八強簽訂不平等《辛丑合約》。

按當時聯軍的八強為普魯士（德國前身）、日、
沙俄、美、英、法、意、匈奧帝國，不知怎的，
西班牙為何沒出軍參加聯軍？但由於在華教會產
業受到義和團破壞，故在《辛丑合約》中亦獲賠
款，是西方國家中最少者，況且，最後兩年免交。

對方似乎不再有興趣去做生意了，我們就這樣侃侃而談，
這段閒聊竟然被作者整理出來，竟然是一篇不錯的史料回顧。
西班牙和中國自明代以來的真正關係，全奠定在傳教士的來華
佈道，傳播基督福音。天主教自明末清初傳入中國後，中西文
化交流較之以往更為頻繁密切，但人們往往注重的只是「西學
東漸」。其實，中西文化的交流是雙向的，影響也是相互的。
在中西文化交流過程中，既存在著「西學東漸」，也有過「中
學西渡」的實例。

史料記載：傳教士來華的主要目的是傳播基督福音，但他
們深知在中國如此具有悠久文明且儒教思想根深蒂固的古老國度
裏傳教，必須熟知該國的風俗習慣，最重要的是其民族精神和中
心思想。由於孔子在中國被認為是「至聖先師」，儒家學說也滲
透民心，要與中國文化相融合，首先必須瞭解中國的儒家思想，
由於其典章制度均出自於中國古文獻，所以研究和翻譯中國古代
文獻，是不可缺少的入門途徑，繼之，藉中國古代經書來協調天
主教教義和基督精神，才能使中國民眾廣泛接受，以達傳教目
的。於是傳教士們紛紛將儒家典籍等中國古文獻，予以研究，

並譯成母語介紹到西方，就這樣，諸多中國的古典文學便西渡到歐陸。起先，與中國古代思想有接觸的是教會人士，但，由於歐洲的文化發展，大多基於基督文化，社會對教會人士的作為是馬首是瞻，因此西方社會對西渡歐陸的東方哲理和文明，也普遍有所認識。首先來到中國傳教的天主教義大利耶穌會士利瑪竇MatteosRicci（1552－1610），曾將中國的「四書」譯成拉丁文寄回本國。而第一個把《詩經》譯成西方語言的，卻是法國耶穌會士金尼閣NicolasTrigault（1577－1628），可惜他的譯文未流傳下來。十八世紀中葉，對《詩經》進行翻譯、研究的，有法國傳教士赫蒼壁Julien-PlacideHervieu（1671－1745）、白晉JoachimBouvet（1656－1730）和宋君榮AntoinoGaubil（1698－1759）等人。赫蒼壁曾編過一部《詩經選譯》；白晉也著有《詩經研究》；宋君榮則譯注了《詩經》。十八世紀下半葉，巴黎出版了一種多卷本的漢學著作《北京耶穌會士雜記》。在這部書的第四卷和第八卷裏分別收進了《詩經》中的《常棣》、《文王》、《將仲子》和《穀風》等篇的法譯。比利時傳教士柏應理PhilippeCouplet（1623－1693）主持翻譯和編寫的《中國賢哲孔子》一書在西方的反響很大。該書包括《大學》、《中庸》、《論語》和《孔子傳》等部分，向西方全面介紹了這位「賢哲」的思想。讓歐洲人能認識中國傳統文化，理解中國為何如此尊孔，以至在傳道過程中起瞭解惑作用。

　　除上述傳教士外，對儒家經典進行翻譯的，還有比利時人衛方濟（1651－1729），他曾將《中庸》譯為《不變之中道》；

《易經》則由法國人雷孝思Jean-BaptisteRegis（1663-1738）譯
為《中國最古之書易經》；德國傳教士花之安ErnstFaber（1839-
1899）則把《論語》、《孟子》等書譯成德文。義大利人殷鐸澤
ProsperoIntorcetta（1625-1696）也用拉丁文把《大學》譯成《中
國的智慧》。

　　由上述可見，博大精深的中國傳統文化進入歐洲，進入西班
牙之後，他們從文化宗教上更多瞭解中國和中國人。應該更確切
地說，是中國深邃的智慧先改良了西方，才使得他們在原有的人
性上覺醒。再加之西方教會宗旨是以慈善為目的，以拯救人性罪
惡的靈魂為根本，即使對方惡性難改，也不會放棄對他們的醫治
（作者曾接受基督傳教，他們可謂不到黃河心不死）。傳教的宗
旨是救人靈魂，而不是以武力擴張版圖，假如參與聯軍，違背了
傳教的宗旨。

　　為何沒有葡萄牙？國與國之間，只有文化才是互通相互交融
互相影響的。葡萄牙向來與西班牙情同手足，似孿生姐妹，由於
宗教起到不可估計的作用，所以葡萄牙也沒有參入「八國聯軍」
入侵中國。

京城苗營是怎樣形成的？—— 薩繼承

時間：2006年5月10日
地點：北京四季青門頭村
人物：薩繼承
年齡：60歲
民族：苗族

　　面對博大精深的中國歷史，源遠流長的中國文化，作者的孤
陋寡聞在知識面前，感到是多麼的渺小和悲哀！如果沒有深層次
去觸摸到她的人脈筋絡，是很難走近它，之所以淺薄，是作者無
知認為歷史是人為的學科，它良莠的結局也是人為的，所以一直
把它視為洪水野獸般，不願意去碰它。

　　非常感謝蒼天安排了這樣一個機會，遨遊其滿苗文化的研究
中，在作者生命的歷程裏又新增添了一門學科。從而知道在北京
城裏，還住著這樣一批被清朝政府納降過來的苗族後代。

　　　早期的門頭村，是大小金川遺留下來苗族後裔居住
　　地，這裏是比較集中的區域，大約有500多人。眼前寬敞
　　的大道，公路邊種著綠瑩瑩的水果樹，排列著整齊灰色的
　　樓房，錯落有致漂亮的別墅群，使得我們回首往事，連想
　　都不敢想，那變化確實不小。誰會相信百年前健銳營俘

虜來的苗族後代，當時我們居住的生活環境，前看不見天日，後見不著陽光，因為在山後半山坡上。

當然像這樣居住的別墅小區環境，僅僅系少數了，多數苗人後代居住在對面一排排灰色的樓房裏。

我的祖籍在大小金川，大小金川位於四川西部大渡河上游，域內是嘉絨藏族的聚居地，早些年行使的是土司制度。18世紀內時間最長、耗資最大的金川戰爭，就發生在這裏。我的祖先是被滿族政府圍剿以後帶到京城的。

根據祖先留下的口碑和歷史文字記載：貴州省廣順州長寨，居諸苗寨中心。前總督高其倬派使者進入長寨，花言巧語招撫苗人首領阿近，許諾他只要歸順大清，就可任命其為廣順州土知府，世代相傳，稱霸一方。等到阿近真的率領各頭目來到省城，高其倬把臉一翻，把阿近等賊首全都抓了起來，作為反叛亂賊之首，押赴京城，重加懲處。

1986年，西藏電視臺根據媒體報導，說我們是藏族，阿壩也派人來當地採訪。我們不能道聽塗說，也不能僅僅憑一兩篇文章，就說我們是藏族，沒有根據是說不清楚的。並不是我們不承認自己是藏族，而是沒有任何依據可以證明我們的確是藏族。

根據史料，我們的確是苗族的後代。但是也曾查閱了大量書籍，並翻開地圖對照，藏族？苗族？都不太確切，有人說應該是嘉絨藏族才對。可幾百年的歷史記載的都是

苗族，誰來換回一個歷史真實面目？就連苗族後人我們都說不清楚自己究竟是什麼民族？

香山腳下，至今保留著祖先古碉殘痕，這是清代「兩金戰役期間，乾隆為了儘早拿下金川，曾下旨從金川抽調番民在北京香山八旗駐地仿效金川石碉，修建石碉數座，並組建健銳營，練習攻碉戰術。

據史文記載：乾隆三十六年（1771年）8月4日，滿族朝廷率兵再次征剿大金川。史稱「辛卯之役」的第二次金川戰役正式拉開序幕。

乾隆四十一年（1776年）二月初四，大金川土司索諾木見大勢已去，被迫率男女老幼2000餘人出寨投降，清軍將索諾木及重要頭目及家眷300人押送京城，在北京午門將索諾木處決。長達5年的第二次金川戰役，終於艱難地落下帷幕。

乾隆十一年（1746年）11月，苗族先輩88戶人家落戶鳳凰山陳家寨子，後遷徙到北上包下長期居住，解放前僅有14戶44人。1964年初，遷入山腳下的門頭村。這是長江以北惟一移居苗族人的村落。

也聽我奶奶說，在清政府的帳簿上，番營裏共有88個男人吃清的俸祿。八旗人每死一個，就減一份，再生一個就增加一份俸祿。小營的人不管生還是死，朝廷一律只給88份俸祿。這與八旗是不一樣的，因為我們的祖先

是被清朝納降過來的。就目前在我們宗族的姓裏邊，姓郎、阿、白、龍、楊、薩、朗和楊是大戶姓了。

外界都知道小營是番營，我們有時又自稱是寨子，與正紅旗、正黃旗等八旗比較起來，小營的等級自然低於八旗營。當時，成年人跟八旗人養馬，孩子18歲以下每天排練節目，逢年過節到朝廷裏去演出。我父親的哥哥我大爺就參加演出一個節目叫「鍋莊舞」，這是四川西部流傳的一個民間舞蹈。該舞蹈在四川還存有檔案。

剛解放那陣，我們小營來了許多大學生，四川的、湘西的、貴州的、雲南的，一個四川學生叫劉利群，他如果健在的話有80多歲了。還有一個來自湘西的石如經70多歲。其中貴州張永祥，他是研究苗族歷史的教授，還有一個比較年青的叫李亭貴70多歲。他們受老人委託來北京找遺留這裏的苗族後代，老人告訴他們：在北京有我們的同族，苗族起義被清朝政府圍殲鎮壓以後，作為俘虜和人質押回京城的。1951年開始，每年在北京民族學院讀書的老師和學生，都會來這裏與我們一塊過春節。一直保留到1957年。1958年反右其中一部分被打成右派，民族分裂主義者隔斷了小營和外界的聯繫，從那就終止了苗寨民間交流活動。

直到改革開發，我們才和學府保持這樣的民間往來，1986以後每年的4月初八，這是苗族的隆重的一個紀念節日，在京苗族都會到小營參加「4，8」活動。傳

說，香山的香爐峰下，住著一位美貌佳人，皇帝看上了這個苗族姑娘，招她進宮成親，可該女子至死不願意嫁給皇上，就在娶親前幾天，也就是「4，8」這一天，女子死在香山南頭，舊指香山炮兵大營裏，死了以後變成了蟬，北京叫蟬鳥，所以香山的蟬鳴和全國任何地的蟬叫法都不一樣。遠在貴州凱立的苗民，為了紀念這位貞節女子，特意把當地一座山起名為香爐峰。

我是苗族的後代，當北京香山委付主任，民族村村長，剛退下來不久。早先在任時，與外界聯繫比較多，搜集不少關於這方面的資料。最早參加了在貴州松桃召開的「乾嘉苗民起義」研討會，這也是我們第一次與外界接觸，周邊區域的貴州松桃，和重慶的秀山、湖南的鳳凰縣、花原縣接壤的縣來了不少人。會議期間，香山民族村負責人楊清山介紹了北京小營的情況，當地政府帶領與會代表參觀了「乾嘉苗民起義」遺址。當時，松桃、鳳凰縣邊緣老人回憶著，並告訴我們，他們深深記得乾隆年間俘虜的苗族被押送北京的事。

90年代末，我先後參加了湘西土家族，苗族自治州30、40年成立大會，前前些年我與貴州凱立苗族自治州還保持著聯繫，如今退休在家也沒什麼接觸了。

在解放初期，當時小營人只有14戶人家，光棍就有6，7個。不要說出大學生了，幾乎都沒有什麼文化。早先靠種點山坡地過日子，後來和其他民族一樣分了地，經濟

不好的家庭還是沒有辦法讓孩子去念書。儘管那時生活很苦，夜不閉門這是沒話說的。小營很落伍，與外界也比較封閉，所以文化大革命沒有受到什麼大的衝擊。當然，現在生存的環境過得好多了，苗族發展到40多戶，退休下來的每月可以領到200多元生活費。

清朝降臨，清朝庭對苗族人民的歧視與壓迫尤為深重，軍事鎮壓也更為殘酷，在經濟上，在苗區安設屯田。強奪農民田地：在政治上，實行「改土歸流」，設置流官；在軍事上，到處建立營汛屯堡，苗族人民不服，抗暴，就堅決鎮壓。苗族歷史上所暴發的三次大起義，即黔東南的雍黔起義，湘黔邊的乾嘉起義，以張秀眉為首的鹹同大起義，都發生在清朝統治時期。清政府對苗民較大的鎮壓與屠殺，至少有這麼幾次。此外，清朝政府的苛虐賦斂，苛虐刑法，也使得苗族人民遠徙他方的不少。苗族及其先民這樣長時期，大幅度、遠距離的遷徙，不僅在中華民族中頗為突出，就在世界2000多個民族中，也極為罕見。

坐落在四川藏族交界處的大小金川「雕樓」建築

我們的祖先究竟是誰？——伊貴芬

時間：2006年5月10日
地點：北京四季青京香小區平房
人物：伊貴芬
學歷：私塾
年齡：66歲
民族：苗族

　　伊貴芬，一個普通得不能再普通的苗族婦女，到她這一輩，按照乾隆十一年（1746年）11月這個時間計算，離她祖先來京已是兩百多年的歷史。要說她也是土生土長的老北京了，早先僅僅從父輩那裏聽到些家族的歷史，可她一提起祖先，她的情緒激動不已，可見在她的內心世界，民族回歸感竟然是那麼強烈。

　　中華民族是一個多災多難的民族，就眼前居住北京的苗族，也僅僅是這滄海中的一粟。200多年前，我們的祖先生活在最原始的地帶，是戰爭毀滅了我們的家園，隔斷了我們依山傍水的民族情結，被迫飄落在異地他鄉。
　　祖父伊容德，1952年去世，時年82歲。清朝政府在野時，曾在宮廷裏為皇上演奏過苗族樂器，也算吃過皇糧，受過滿族的寵。可打清政府退位以後，祖父直到死，一直

在香山種坡地過活。祖母始終保持著我們少數民族的生活習性，特別講究苗族人的禮節，正月裏根本不讓外人進她的家，也非常迷信。

父親伊長林，1994年去世，時年82歲。宣統皇帝那陣，我們營裏的男孩子進宮表演，父親有過一次為朝廷演唱過「童子歌」。再後來跟他父親一樣的命運。

我丈夫是漢人。我是苗族還是藏族，沒有人能告訴我一個確切的民族？歷史已經落下塵埃，祖先的墓碑都找不到了，誰能為我們尋找到真正的根基在哪裡？我這一輩還多多少少記得點事，下輩是忘掉老祖宗咯。

《沿河西遷》這首歌，記載了苗族先民是沿著河流由下游向上游遷徙的。他們來到深水潭後，邊造船邊唱著歌：「這得要造船，木舟鑿上百把只，渡過百把個媽媽，把上千的爹娘送到西方。……去砍白梧桐，拿來鑿大船。……大船鑿好了，是誰來撐篙？是誰來掌舵？我們爹爹撐篙，我們媽媽掌舵。是誰劃前面？哪一個掌後？我們公公劃前面，我們媽媽掌後。一槳劃過七個潭，馬上要到鐮刀灘，可是還嫌太慢。哪個最能幹？雄絮最能幹。他一把奪了槳，一個山腳撐七竿，船走好像飛一般；九個灘頭十一槳，船行如同箭離弦。」

祖先們繼續向前走——走到南蘿：「南友江水沖南坳，南茜河浪打南臘；五條江水沖一處，九河彙作一江流。從東往西望啊，水面茫茫霧悠悠，江水黑得像木炭，賽漆斗笠的桐油。」

　　當年，清政府安置我們住在南山坡，寓稱「穿心溝」，這裏生存環境相當惡劣，被滿族把持著，逃也逃不了，出也出不去。聽老人說，政府怕苗人起來反抗，那是故意安排的。百年前，我們小營裏不跟外邊接觸，更不會對外同婚，所以，寨串過去串過來都是親戚。戰爭年代，營裏只死不生，反正死一個少一個，最後族裏絕後很多。是有那麼一會，苗族人最終受不了，起來抗議滿族政府，沒有想到還真管用，政府總算發慈悲讓我們從南坡搬到了北坡，就是今天正黃旗南營。北坡地勢朝陽，來來去去，進進出出也方便多了。就這樣，苗寨才算保全下來，不然人真得死光了。

　　那時，所以人都管我們叫「寨子」，叫寨子算是好聽的了，有人叫「小營」，還有人叫「蠻子」的。苗族男人很倔強，倔起來是十頭老牛都拉不回來，所以吃起苦受其磨礪來也沒有低頭的。不像滿族人整天無所事事，提鳥玩物，見人點頭哈腰。我們苗族性情特直，智商也特別笨，也許是封閉造成的。

　　番子營，是清政府特種部隊健銳營在圍剿大小金川，帶回北京苗族土司們的家眷，為他們主建規模小的營制，多為樂工，也有為旗人服務的工匠。每逢年過節，這些樂工被朝廷召進宮內演出。

　　1952年春節，在京學生來過此地尋親，這無形中又牽引出我們尋根問祖的思緒來。也許沒有外界的驚擾，社會

上的好奇，我們會在一個平靜的生活中走完人生。打小記事，我們住在營裏很少外出，山前山后全是旗人，誰讓我們的祖先是納降過來的，人少又不是本地的常受人欺負。剛解放那陣，跟外人不敢說自己的姓，一說別人准知道你是「蠻子」、「番子營」的，有人不得不改換祖宗的姓，那戶籍上都不敢登記真實的父姓。後來派出所動員我們，我們才隨了父姓。

那些年啊，我們家窮得叮噹響，住在山上，靠種點坡地生活。如果交不上租子，第二年地就不讓種了，但是見面時還是比外族人親，紅白喜事照常往來，畢竟是同一個祖先嘛。可如今，彼此連個照應都沒有，現在營沒了，寨子給拆分散住進小區被高樓割據，人走了情也疏遠了。如果說忘記老祖宗，與漢人同化這沒有什麼不好，可忘記得了嗎？在我們的骨子裏畢竟流淌著苗人的血液。

70年代，曾有人從四川來過這裏，說我們是藏族，有什麼根據證明我們是藏族呢？追根尋源，我們祖先源自大小金川，你說我們是藏族就是藏族，說我們是苗族就是苗族，東風來就是東風，西風來就是西風啊？我們的祖先究竟是誰？我們的根究竟在哪裡？

是的，沒有根的民族是不幸的。「人非風卷尺，何日凝妝上翠樓？」今天似乎能找到他們的根也不重要了，作為華夏子孫都能祥福在中華大地，這才是最重要的。

　　大小金川在四川西北部，是大渡河上游的兩條支流，下游合岷江而注入長江。金川人多夾岸而居，大金川面積原比小金川面積小，南北約百里，東西均三百里。由於生聚繁衍，屢次侵奪鄰封，其聲勢逐漸凌駕於小金川之上。清乾隆年間，兩金川人戶約三萬戶。大小金川西連康藏、南接雲貴、東通成都、北界青海，地理位置極為重要。

　　大小金川因地勢較高，氣候寒多暖少，一日之間寒暖溫差極大，咫尺之間陰晴各異。因金川臨於山地，則不產大米，農作物只有在山頭地腳處栽種青稞、蕎麥、豆類、棗、梨、核桃等，當地人多吃糌粑、喝的是三種叫阿拉甲生、阿克魯、波達木的樹上葉子，這三種樹葉類似內地的茶葉。各地壘石為房，有錢勢的房多，面積廣大，稱為官寨，而窮人的房屋稱之為雕房。來往渡河是用樹枝做骨架，皮革縫其上，而成為皮船，平時一人即可背動，每次可坐四、五人。當地人的體形身材中等，瓜子臉，多為棕黑、紫色。婦女喜歡裝飾，耳帶大環。金川人不論男女，民俗就是習武，喜歡擊刺之技，男子十二歲便可插腰刀，陰曆十一月三日為當地金川人的新年，是日，無論男女老幼，都跳莊舞蹈。金川與內地交通很早，土司時便有人到成都去學漢語，以充任通事，也有進行貿易或雇工的。現信仰藏傳佛教，教奉喇嘛，用唐古特文字。

我們的根究竟在哪裡？——郎玉福

時間：2006年5月14日
地點：北京四季青門頭馨村南區
人物：郎玉福
學歷：大專
年齡：70歲
民族：苗族

郎玉福先生

　　從香山乘坐318路公車到南河灘下，沿著閔莊路行走幾十米，即可看見門頭馨村南區的指示路標。眼前是寬闊的閔莊大道，公路沿下是茂盛的桃樹，十幾排高大灰色樓房整齊列在那裏。這是剛搬遷過來的新住戶，大多是從南正黃旗搬到這裏的，在200多年前，清朝政府圍殲四川大小金川，郎玉福就是俘虜到北京的苗寨後人。早先他們一直住在南正黃旗半山坡腳下，那裏曾是他們祖先無數代人居住過的地方，現今，他們的子孫住進了新房子，與其他民族沒有劃分了。

打我記事起，從祖輩那就知道我們是苗族。漢人叫我們是「蠻子」。

1985年4月8日，我和楊清山一塊回湖南，參加了「乾嘉苗民抗清起義195周年紀念」學術研討會。後來又輾轉貴州鳳凰縣尋根問祖，就是想證實我們究竟是什麼種族？根在哪裡？

是否應該從祖先被俘來京那個時候算起，整整190年了，具體多少人質被押送到北京的，根據老人所說有300來號人，包括家屬在內，捕來的大都是每個寨主頭領和他們的家眷。或許路途遙遠，遷徙艱難，有婦女和孩子生病餓死在半路。也不排除被清軍打死苗丁。

清政府打了幾十年大小金川，就是打不下來，氣得朝廷殺了大臣。之所以打不下來，原因是我們苗寨居住的地勢險要，滿山種了大量的竹子，我們把竹子削成尖利的武器，嚴防清軍攻擊。碉樓林立，這是最厲害的路障，由於長時間攻不下來，清政府在圍城修築「演武廳」，模仿我們苗人修了一座梯子樓，兩邊有臺階東西是平面城門的形式，為練兵演習助清軍用梯子向前推爬上城樓，到了頂端滅敵人，迅速跳躍城牆下馬背上，「一馬三槍」、「一馬三箭」都要中靶，才算成功。

自從邊寨失敗以後，清軍返京建梯子樓，習練已久，期間多長時間不太清楚。後來之所以攻不下來，苗寨出了叛徒，正面是攻，他帶著清軍轉到寨背後插了一刀。就此

這樣攻下來，苗寨兵民全撤到山頂，一塊大約300到400平方面積的大石頭上，被圍困的人「智取華山一條路」，上邊人沒有退路，下邊人上不去，下面人一上就被苗寨人捅了下去，攻不上退不下，糧斷絕只好投降。戰鬥結束，俘虜寨領帶回北京。

入關以後，我的祖先生活在南溝的寨子裏，叫「小營」也叫寨了小營。這裏整年日照時間不多，按陰陽八卦的說法，這個地區叫「絕地」，為什麼這樣說呢？我們這些苗人住進來，死的多，生下來存活也少。因為我們屬於南方人，氣候比北方溫和多了，生活習慣也不適應。又加上太陽輻射很小，居住環境長年累月處於陰暗面，氣候惡劣，天冷風大，饑餓交加，出現了人死的多，活得少的情況。再說，我們在精神上壓力很大，人身極不自由，老受其他民族的欺負。我們村裏有一眼井，和本族和正黃旗的人同飲，每當泉水少的時候，他們就不讓我們吃，等他們用夠了才允許我們飲用。那時村裏沒有貨品，必須到「德泉久」去買（皇家開的），人少一經出村，外族人就打我們，沒有辦法，我們聚合十來號人，他們也就不敢欺負了。所以，發生了後來的起義，如果再不起義我們的人就會死光的。正是這樣，我們以這個名義起義的。在我們居住的兩邊山溝，身邊有正紅旗保守著，山那邊有正黃旗監視著我們，他們怕我們叛亂，怕我們外逃。起義，在當時也僅僅在口頭上說說而已，多少次這樣的起哄，清政府

才把我們挪到朝陽的北邊。打那以後，苗人後代的生命才得以緩和生存下來。儘管這樣，我們的生存環境仍然受到限制。

為了保存活力，我們苗寨的姑娘統統不外嫁，只允許娶外邊的女子入寨，但是外邊的女子又不願意嫁進來。沒有辦法，我們只好近親結婚，由此以來，在我們族內通婚很多，這也成了我們民族的規定。在當初，滿、漢、苗幾個民族對抗比較強，在我們沒有消除民族敵對情緒時，我們至少保持著這種傳統意識。因為從古到今，我們苗族人都住山上，漢人住山下，不受外界影響和干擾。從我姑姑那代起，開始外嫁漢人。

郎姓在門頭村算是大戶，有幾十號人。目前，苗人零散住在京城內，大部分集中在門頭村。在沒有搬遷以前，彼此還保持著聯繫，心聚一塊。如今，經過三次搬遷以後，人全散了，心也散了，民族性淡化了。歲數大的見面還有些感觸和情意，年輕人完全傷逝了。

我爺爺老是給我們講他小時候的故事：孩子們一哭，曾祖總是對我們說：孩子，別哭了。睡覺吧，睡著，我們就回家了。所以我老是忘不了這個悲慘的故事，同時帶著這個夢回到了家鄉。

我們究竟是不是苗族？四川的苗族？還是貴州的苗族？這個疑惑一直沒有辦法解開，因為早些時老人告訴我們，祖先是從大小金川過來的，那大小金川在四川，那我

們的祖先應該是四川的,那裏有沒有姓郎的?帶著這個疑團,1985年應邀參加了貴州鳳凰縣召開的「苗民起義190周年」,詢問了當地政府。

之前,也就是解放以後,從湖南、貴州陸續來人尋找我們,也有在京少數民族學生與我們取得聯繫,他們受家族重托到這裏來找苗族的後裔,看來老一輩都知道這段歷史。正是這樣,每年4月8日我們都會相聚歡慶。再後來,四川的藏族也來人說:「你們不是苗族,你們是藏族。從你們用的樂器來看,毫無疑問是藏族的。」曾聽我父親說,這種樂器叫「陰陽鼓」,其手腕和腿腕用銅製造的,專用給皇上演奏的,手腕和腿腕上載著響鈴,一舞蹈起來就響。還有舞獅。即便這些樂器是藏族的,我們也不承認自己就是藏族。為什麼?因為我們這個民族在這裏沒有地位,沒有正式工作,也沒有當兵的權利。沒有這個權利,就沒有俸祿。只能當下人,供朝廷娛樂。相似今天的文工團。一會說我們不是苗族,也不是真正的藏族,說我們是嘉絨藏族。嘉絨藏族意指「太陽」,這個民族很聰明,但是人口不多,大約只有十萬人。無論怎樣說,我們堅定信仰自己就是苗族。

在貴州鳳凰縣開會時,我們提出在當地尋找姓郎的,最後在貴州松桃找到我們的家族,並且見了面。根據郎永昌、郎永貴弟兄說,早先居住深山郎家寨,在滿族攻打大小金川戰役中,寨內有郎兄弟二人,他們是寨主,戰敗後

怎樣的結果，就不得而知了。北京苗人或許就是他們的後代也有可能，郎家寨至今還在，寨裏全是姓郎的。

「千里迢迢松桃認親，滿載情誼回京城」。自從1985年找到郎永昌兩兄弟，把合影的照片帶回京城，我們尋根的歸屬感更加強烈。早時，聽我父親說，大爺手裏有家譜，他的兒子叫郎永福，從這個「永」去排輩認親，剛好和上面弟兄是同輩。由此看來，我們更確信是郎氏一個家族了。其實，時間已經過去二百來年了，是否真的是一個家族也無關緊要了。我們只是了卻一個心願，總算找到了家，找到一門親戚，一個令祖先回到家的感覺。保持這種友好的聯繫，對我們來說也就夠了。

憶起當年，政府告訴我們姓郎的找到了，我非常激動。20年前，我們總算沒有白去，尋根問祖，回了家圓了夢，我們是苗族。當晚，郎永貴弟兄擺了滿滿一桌酒席，拿出存放多年的郎酒，對我們說道：「我們都是郎族的後代，今天讓我們來喝一杯郎酒以示祝賀。」

父親屬小龍的，69歲那年死的，活到今天也才百多歲。父親從事的職業是石匠，不是開山匠，而是幹細膩活的石匠，專門往墓碑上打字的那種。父親弟兄三個，大爺是地主，有18畝地；二大爺是當兵的，護守西陵墓，在割辮子那年被革命軍氣死的。事情是這樣的，革命軍要求每個男人割掉頭上的辮子，不然就割頭，反正任選一項，二大爺不屈割下自己的辮子，最後被人強行割去辮子，二大

爺辯是割了，但心中那口怨氣始終咽不下，之後活活被氣死了。我大爺那18畝地，就是政府補貼我二大爺的撫恤金，解放後，18畝土地充公了。

　　針對苗族人民現在的聚居區來說，苗族不是土著民族。就目前發現的史料來看，苗族人民歷史上的多次遷徙已成定論。那麼，苗族從何地遷徙而來？目前主要有三種觀點：一是太湖源，二是洞庭湖源，三是淮河源。苗族始遷於何處，目前無定論。苗族的遷徙方向總體上是走向西南。苗族在歷史上的遷徙是頻繁的，但主要有四個高潮。每次遷徙高潮的原因都是北方政治勢力強大南侵，南方政治勢力衰退。歷代統治者的血腥統治、政治高壓和民族歧視政策，各民族間實際存在的種族歧視，苗族勢力的衰弱等，是苗族在歷史長河中頻繁遷徙的原因。

　　苗族在歷史上的被迫頻繁遷徙，嚴重地影響了其自身的發展。首先，由於歷史上多次被迫遷徙，損害了苗族的自立精神，在苗族文化中沉澱下來就是忍辱負重、逃避現實的自卑心理，封閉保守，安於現狀，缺乏進取精神。其次，這種頻繁遷徙，造成了苗族與其他民族的混居、雜居，苗族自己缺乏一個獨立的生存空間。苗族人民經濟力量薄弱，經濟發展落後，其直接的重要原因是歷史上多次被迫遷徙和所處的自然環境惡劣。而環境的不穩定、生存條件差和經濟力量薄弱三者又形成一種惡性循環。多次非自願遷徙，沒有穩定的環境創造財富與積累財富，所塑造起來的民族性格是缺乏進取精神，商品經濟觀念沒有得到充分的發

展，經濟基礎薄弱。苗族是一個農耕民族，在長期的多次遷徙中，其農耕技術已遠遠落後於中原和兩湖地區，甚至落後於在同一地區居住的其他民族。建國前苗族的刀耕火種不僅僅反映了其耕作技術落後也反映了其長期遷徙的短期行為。加上窮山窮水而居，自然條件惡劣，農作物產量很低。

貴州苗王的傳說——龍祥興

時間：2006年5月
地點：北京門頭村
人物：龍祥興
學歷：私塾
年齡：76歲
民族：苗族

　　兒時，從祖輩那裏聽到不少關於苗族的民間故事。每到夏天的傍晚，鄰居小夥伴來到我家小院，聽奶奶講故事：「貴州苗王的傳說」。

　　相傳此為有個叫「故洪故流」的地方，住著一位無兒無女的老年婦女。一天，老人在屋前河邊洗衣服，看到上游漂來一物，一隻彩色的鳥張著兩翅覆蓋著。老人打撈上來一看，原來是只銅鍋。鍋內躺著一個小孩，濃眉大眼，高鼻方唇，逗人喜愛.老人抱回家撫養，給小孩取個名叫」阿德」。「德」，苗語是龍，小孩從河裏打撈得的，那只彩色的鳥，也隨老人回家，在屋邊一株大樹上做窩，每天太陽出來就叫著，大家都說它是太陽變的，叫它「太陽鳥」。日子一天一天的過去，阿德已長大成了一個結實而強悍的小夥子，白天隨老人下地幹活，一有空閒就

在屋前坪上敲打銅鍋玩，樹上那只太陽鳥聽到銅鍋聲就飛下來，在地面跳躍著，吸引一群群的青年男女聚集到屋前坪上，姑娘門模仿著太陽鳥起步跳起來。

一年某日，忽然天空烏雲密佈，大雨傾盆，洪水暴漲。太陽鳥飛上樹枝，啄下片片落葉，變成朵朵白雲，漂浮在空中。白雲載著人們往西北去，西北儘是冰天雪地，阿德只得隨著太陽鳥往東南飛。飛呀！飛呀！飛到了南方，才看到一座大山露出水面。不久洪水落下了，現出了森林、山地、峽谷，開始落腳下來，動手砍樹架屋，開山造田。隨著阿德南來的五百男女，互相結為夫婦。

阿德南來後，曾立下三戒，以教導後人：一要光大宗族；二不下山坡；三不易服飾。所以現今苗人多居山地，喜著苗服，崇敬祖先，熱愛宗族。

阿德逝世後，子孫尊稱他為「王」曾在「嘎良」西山腳下為他塑像立廟。過去每逢苗年和二月二日，苗民都聚集在苗王廟前擊銅鼓、吹蘆笙、唱歌、跳舞，紀念「苗王」。

傳說歸傳說，其實，在苗族這個大家庭裏，每天都有新鮮事發生。

文化是一種生活方式，是一個民族的核心標誌。文化變遷一場由於民族社會內部的發展，或不同民族之間的融合，而引起一個民族的文化改變的現象。

苗族源自古老的「三苗」，三苗的發源地在「左洞庭，右彭蠡」、「衡山在其南，岐山在其北」的地帶內。湖南是個大山的世界，相對封閉的自然環境和社會環境使得聚居於鳳凰山江鎮的苗族社會發展程度較低，較少接納和吸收外來文化的內容和形式。同時由於歷史上不斷地遷移和離散，苗族長期從屬於周邊強勢民族，於是其傳統文化在歷史的發展中在獲得一種不受中心意識和主流文化絕對控制的自由的同時，也在一定程度上保持了本土民族文化的穩定性。苗族傳統文化資源豐富密集，神秘瑰麗。無論是衣食住行的物質文化，還是人生禮儀和民間藝術的精神文化，無不積澱該民族歷史發展的豐富內涵。山江苗族傳統文化從一開始就融入這種文化氛圍，表現共同民族文化特性。苗寨依山傍水的吊腳樓，熱情滿懷的甜米酒，節日節慶婦女的盛裝和銀飾，姑娘小夥子的趕秋、趕邊邊場，四月八節的人山人海，蠟染、印染、編織、刺繡等都極具民族風情。值得一提的是苗寨傳統文化中保留的神話與宗教色彩，有著鮮明的原始性特色，也成為今人研究古代文化特別是楚巫文化的活化石。「趕屍」和「放蠱」便是苗族文化裏千古流傳的巫術神話。

見證歷史——高全榮

時間：2006年5月16日
地點：北京香山北辛村後街
人物：高全榮
學歷：大專
年齡：75歲
民族：漢族

高全榮

　　在香山採訪期間，總會有人在作者面前提起高全榮老人來，說他是當地的萬事通。我來到高全榮老先生居住的胡同裏，正巧碰上要打聽的人就是他，對方卻倔強地回避著不願意接受採訪。作者一年前曾住在隔壁胡同和他做過短暫的鄰居，咋沒有見識過他。不然，他不會讓作者多次吃閉門羹。

　　作者沒有氣餒，繼續窮追不捨登門造訪，終於功夫不負有心人，老人不僅接受了採訪，而且配合得非常到位。令作者感動的是，那段時間老人身體欠佳，連續幾日在醫院輸液，回到家還得接受採訪，這採訪進行了一周。他原本是漢族，但祖輩曾與旗人

有著密不可分的關係，作者採訪記錄的人物和文字，沒有一個和漢族有聯繫的。回到西班牙整理採訪稿時，作者還在猶豫是否把手上的文字整理出來。真的放棄僅僅因為他是漢族，故捨棄太多珍貴的史料，更多的是也辜負老人一片熱情了。

　　清朝勢力是不可一世，可他們仍舊離不開漢族，無論哪行都有漢人打造的，不然這些紈絝子弟咋能生存？所以說漢民始終是滿族人的衣食父母。光緒前，我的祖父為宮廷篩紫色米，父親是吃著貢米篩落的碎米長大的。父親目睹到了別人不能目睹到的人和事。

　　進關那年所有人都隨龍過來的，沒想到這條龍在中華大地騰飛了幾百年。

　　八旗分正黃、正白、鑲黃，這是皇親國戚的旗營。下分正紅、鑲白、鑲紅，正藍、鑲藍。極品又分一、二、三、四品，一品是皇親國舅，二品是正紅和正黃，三品是鑲藍和正藍旗，四品是鑲白和正白旗，正黃旗下營，凡是帶下營的都是下五旗，為什麼會把上八旗和下八旗區分開，那是因為上八旗的姑娘不能和下八旗的男人成親，上八旗的姑娘可以選宮女，下八旗的姑娘給上八旗男人成親。

　　「七死八活」意指：八旗各營裏要修八座碉樓，七個死的、一個活的，朝廷目的是為了統治旗人，寓意著壓得你七死八活，你就不能爭奪他們的皇位了。

　　根據中國史書記載：乾隆十二年（1747年）四月，暴發了金川戰役，這場戰爭持續兩年多，乾隆十四年二月，最終以大金川土司求降而告終。戰爭結束以後，乾隆希望金川地區局勢能儘快穩定。然而，僅隔十三年，大小金川又開始複爭掠奪。前後發生了較大規模的戰爭5次，其結果在乾隆四十一年（1777年），兩金戰役告捷。為了慶賀金川之役獲得大勝，乾隆昭香山一帶八旗兵工修碉樓64座。同時，還規定每旗修建8座碉樓中，只能有一個空心碉，其餘7個是實碉。空心碉有樓梯可以登上樓頂，被當地百姓稱為「活碉」。其餘7個碉樓全是實心碉，謂之「死碉」。旗人和老百姓統稱是「七死八活」。

　　　　「五營二十三訓」新營、火槍營（槍彈庫）、南營、北營、西營，「七死八話」不是那個說法，我這是有根據的，一定要改正過來。我可以帶你去實地考察，去看活的。為什麼叫「七死八活」，這裏有迷信色彩，我們從傳說中講起：乾隆是開天目之人，能看地下三尺，比方說香山碧雲寺樓面下邊，有一座小廟，廟前邊擺了一個香爐，用黑色油漆漆著，上邊寫著幾句話：遠漆裏近漆裏，不遠不近在漆裏。乾隆在私訪時見到這個香爐，他告訴太監把它搬下來，裏面全是金的，所以證明乾隆是開了天目的。以後這廟就沒有了，拆了哪裡去了？那皇上也貪財呀!?別人看不見，那皇上看見可沒說，最後給弄走了。

八旗子弟18歲接受國家的集訓開始練兵，朝廷給他們薪水，30天每人一兩五錢，用火槍練靶，三槍打中中靶，證明你是正式的軍人了。這個練完以後再練騎馬、拉馬、射箭，地點在現在的團城，西太后和皇帝坐在城樓上檢閱，清軍騎馬背上背三根箭，從城樓裏面風馳般跑出來，快速拔出三根箭射中銅元，凡是射中者每月得3兩銀子，100斤米。（以前清朝稱為30天錢兩，90天米）靶場就在北營下邊，這是我小時候常玩的地方。

　　滿族人的生活是上半個月吃糕點，你看他們那副裝模做樣，用拇指和無名指夾著吃，為什麼呢？一般情況下，吃點心掉渣，說明他們不怕浪費，是顯示滿族人的奢侈。可到了下半月他們吃窩窩頭，雙手捧著吃，他們不會過日子，應驗了「今朝有酒今朝醉」的人生觀。不在乎瞎折騰過日子。電視劇「五月槐花香」曾有這樣的鏡頭。

　　早先，皇宮裏吃的米是從南方進來的，康熙年間西貢是中國的版圖，後來就像外蒙鬧獨立一樣分隔出去。米從西貢運到東直門海運糧倉，這個糧倉是用磚切成的，下邊一米寬，到上只有50公分，形成拱形儲糧是為了冬暖夏涼，倉底下鋪的是南橡木，這是一種特殊貴重的楠木。把運來的米放在楠木上，放它一年。經過三百六十天的儲放，再把它弄出來，這就是宮廷裏說的經過「熬」了，如國人經過磨礪一樣。一年後出倉槽碾，我的祖先正是用這種方式為皇帝碾米的。這種槽碾一百年前就沒有了，但是我見過，

1952年在北辛村後街9號西院施工時挖出來的，像這樣的槽碾，在香山三個地有。香山北辛村原來的糧店叫「晉森玉」、門頭村「德泉久」這都是為朝廷加工糧米的。這種米通過長時間的存放質就變了，米的顏色變成了紫色，名字叫「紫色老米」煮出的飯香專供皇上和皇后娘娘吃。

宮廷裏後來供給的膳食米，是在玉泉山下、北塢村、中塢村、後搖、八溝村、六郎莊村、騷子營、大有莊、功德寺、東關村等三百六十五頃這些皇家土地上種植起來的，所有糧田的收穫都歸皇家專用。我大哥就是收皇糧的。祖父在光緒年間入京城的，專門為朝廷碾米的。宮廷裏的米叫「京西米」，這米特點煮飯湯清不濁。還有一種叫「小粘稻」，康熙與太監行走在圓明園稻地發現田中有一種稻苗長勢特別旺盛，就讓太監把它圍起來。秋後收穫的種子送到天津駐軍地盤試種，生產出來的稻米果然不錯，含有粘性熬粥非常好、故起名「小站稻」。康熙目晴識破萬事。那他還沒有乾隆厲害，乾隆活到89歲，神智清醒，過問朝政。他有個養生之道「十常四無」、「適時進補」就是餓了就吃。十常就不說了，這四無一定要說：吃無言、睡無語、飲無醉、色無迷。」

乾隆微服，一為的是體諒民情，二是破壞風水。為什麼這麼說呢？北京的西郊有七十二府：娘娘府、小府、四王府、傑王府等，說是每個府的風水寶地都會出現一個皇帝，乾隆怕各府果真出了皇帝，他的風水給破壞了，皇帝

自然是當不長久。比如說：北京植物園東頭有一個老爺廟有一塊風水寶地，被乾隆發現，這還了得，這條龍比他還要強，他便在龍的脖子上修了一條橋，沒想到第一次沒有成功，在老爺廟後邊又修了一座橋，龍還是沒有被燒死。最後在墳地後邊又修了一眼井，最後讓民工到四王府北山上，用火山爆發過的紅石埋著龍身體，地基兩邊全砌上，最後龍才被燒死，硬把那風水給破了。乾隆不僅破壞民間的風水，就連自己家族的墳地也不放過，高禮王的墳地座落在門頭村的西南方叫禮王墳，1958年我高小考試的時候還都進去過啦。

乾隆在微服私訪時發現高禮王墳地是塊風水寶地，如果不採取破壞那將來會有人爭奪自己的皇位，乾隆在高禮王墳地的西北方向修了個「無梁殿」，（就是現在空軍駐地）意思就是說，我把你揪起來，結果這風水破不了，不管事。後來又有墳地西邊山坡上修了一個，看上去像一個塔，這塔上有八面尖刀沖著那墳地，來破壞這風水，仍然沒有破掉，又在正西山坡上修了一個「圈昭」，意思就是說把你圓起來，還不成，又修了一座「方昭」把你方起來，還破壞不了。在墳地西邊頂峰上修了一座白塔叫小白塔（遺址仍在），讓他跟和尚一樣無後，不過還是沒有成功。最後在墳地後邊對著墳修了一眼井，叫它「膽家墳」，用花車不間斷打水，以此來破壞底氣。人沒了底氣就活不了，這才把高禮王的風水破了。同此以來，高禮王

家就不那麼興旺了。高禮王的墳地確實是風水寶地，墳地栽有柏樹、松柏，柏樹長得特別旺，在北京地區的柏樹中，那裏的樹長得最粗，直徑可達到一米六七，這些古柏樹在日本侵華戰爭時，（1937年我正好8歲）這些樹被全部砍完，運到日本去了。日本人看上哪棵樹好就砍哪棵，要不是法國人告他，日本人還要等二次砍。香山有一種樹種叫「老黃松」，旗人在這裏建營，把香山紅山頭南直到巍家村這一段山上老黃松全部砍決滅種了，所以目前中國沒有老黃松這種樹種了，現今拆遷的八旗房室用的木料全是老黃松。

　　每次上山總會想起父親講過的故事。這事發生在清末年間，有位小八爺，是滿族人姓於，叫什麼不知道。有一天，他帶外甥拿著火槍上了香山，他之所以喚外甥同去，是為了用人的氣味誘惑山上的麂子，那他一人去麂子難以上勾，不好打著。他和外甥趴在一個山崗上，槍上了膛，小八爺對外甥說：「你看看去，出來沒有？」他外甥剛把頭一伸狂喊著：「出來了」話沒落地，那頭麂子突然朝著他們撲過來，小八爺還沒回過神來，叩動了板機，碰的一聲悶響，那麂子中了彈，撞向他們趴的山崗上，那一刻麂子雙眼睜得就像兩隻紅燈籠爍爍閃光。緊接著麂子滾下山，叔倆連忙跑到麂子跟前一看那麂子還沒死，就用亂石把它砸死了，後叫人抬下山放在新營小八爺哥哥門前一棵大槐樹下趴了皮，大夥分吃了。這小八爺打死麂吃了它的

肉，可沒想到幾天以後給嚇死了。

　　1937年日本侵華戰爭用的是冀東保安隊，後來冀東保安隊有一個師政變了（一萬多人），殺死了一部份日本人，冀東保安隊奔到西山來了（香山），當時沒有軍餉，那怎麼辦呢？就開始盜墳，盜的是高禮王墳地，用的南辛莊的石匠，在墳墓下後邊打了個洞，進去以後把裏邊的金銀財寶全部盜出來，分給士兵。由於當時的分配不均，士兵內亂就打起來了。我外祖父和外祖母都是看墳的，他們全被轟出墳地住到我家來了。直到60年代，這座墳地才被拆掉成果園了。

　　「人生不滿百，長懷千歲憂」事情知道越多，人活得越累，書看得越多，心裏邊的事就多，真是太累了。

　　袁世凱逼供，許諾西太后如果你把權讓給我，我保你後代榮華富貴。政府有一龐大隊伍稱為「梨園子弟」約300來人，唱戲的、搞樂曲的，都是滿族的太監。有的墮落了，有的追隨了滿州國，滿州國把這些「梨園子弟」弄到藍錠廠烈馬關帝廟給他們四座買賣：門頭村的「德泉久」，藍錠廠的「德元興」、「德元成」、「銅晃子」，又拔給他們53畝稻田，這地從哪裡來的呢？是從365頃劃出的。除此之外其中還有旱地25畝，用來種麥穀，我二哥哥就在那扛長話啦。還有25畝菜園子，一共雇有二十多人幹活。地頭姓段，山東省濟南東縣孟村人。菜園子的班頭姓周，他們生產出來的糧和菜都是供給300多「梨園子

弟」食用的。有二十多個漢人去侍候「梨園子弟」，他們在跟「梨園子弟」對話時，要講究方式，比如要擱東西要說放而不說擱，因為「擱」和「奄割」的「割」音相同，見面要問好如「您老爺吉祥」、「您好」，除此之外什麼事都好辦。

這二十多個漢人主要負責衛生，挑水、打糧、耕地。還有一些人做點善事，施捨膏藥。什麼叫舍膏藥啦？那時候有專人熬膏藥，置上大鍋倒進香油，把蜈蚣蟲、中草藥往裏倒進去炸，然後撈出來碾碎，再倒進油鍋裏熬到一定時間，再練成樟丹，成了膏藥油質，往高梁紙上一抹，就是一貼，主要治老年人腰、腿疼，可管用啦！一貼就好。現在誰做？有那麼好心的人嗎？都弄些假貨去了。以前人家是真貨你去要一貼兩貼都給你，施捨全免費的，這梨園子幾百號人，生活吃住都在一塊，相互沒有親情友情，彼此誰也管不了誰，尤其在臨危的時候，誰都不管誰，相當殘忍，因為他們都沒後人。

袁世凱當了88天皇帝就駕崩。滿族落泊，民國的建立，白居易「長恨歌」裏那些梨園子弟，自發興。在中國歷史上演繹了無數的朝代，最後就解散不知著落。

後來前清的人跟日本人勾搭上以後，成立了滿州國，洪憲元年軍閥混戰，各霸一方。就在這個時候，小日本利用東北三省督軍張作霖手下兩位大將，一個是楊宇庭，一個是常新懷，他們告密把張作霖出賣了，張作霖來北京開

會，回去的路上被炸死在瀋陽皇姑屯。張學良為父報仇，找來常和楊說是對警衛有賞，並乘機下了他們的武器，張學良的老叔雙手拿槍，站在旁邊虎視眈眈，問他們大帥是怎麼死的？他們說不知道。張學良拿出二人出賣父親的信，對他們說：「你們勾結日本人，殺了大帥，今天讓你們死個明白。」就地槍斃了二人，事後對他們遺族給予厚待。有的家屬回老家了，楊宇庭的姨太太為這事精神受到打擊不正常，被安置在香山公主墳居住，她常約人去家管吃打麻將，但必須輸給她。

祖父18歲那年，由於繼母對己生子女和前夫孩子待遇不公，他隻身逃到河北定縣為一戶地主放豬。民間傳說在皇宮裏掙錢多，有人問祖父能幹什麼？他說會篩篩子。隨後他跟人去了北京參加篩米考試，之前把一隻鞋放進篩子裏轉，把好了分量，那米就篩得轉，篩出去的是殼而不是米。

香山給皇家加工碾米有好幾家，我爺爺落腳在門頭村的「德泉久」。每月掙現洋三塊。我爺爺篩米篩得好，被人挖到「晉森玉」篩米，每月多了一塊大洋。在這幹了幾年，又被碾房孟家挖走了，那時這方面的人才缺少，隨時都有可能被人出高價挖牆腳挖走。幹篩米這行一干就是幾十年，直到結婚沒有生育，後來抱養了我父親。父親是孤兒原姓張住在魏家村，7歲那年跟了爺爺。

這個時期，軍閥混亂又出了個李子兵到處搶劫，村裏人大都跑了，碾房孟家讓我爺爺看著家業，李子兵一來讓

開門，爺爺還未來得及開門，外面開槍子彈穿過門縫，沒有打中我爺爺，槍走全部家業，門上留下一彈孔至今還在。李子兵走後，孟家主人和村裏人都回來了，他疑心是我爺爺拿走了他的家產，爺爺一氣之下離開了孟家。爺爺回到家裏種地，那時才50多歲。每天上野地裏撿大糞，那會大糞沒人要也值錢，現在住的房子就是我爺爺在60歲時買來的，4分5厘地。奶奶死後，爺爺另起爐灶自各過，我4、5歲就會使用各類錢幣，大人都說我聰明。我時常到爺爺那裏偷點小錢拿銅子花，後來我爺爺發現少了吊錢，被我父親打了一頓。打那起，父親很少打我，讓我自由發展，可對其他兄弟就不一樣。父親的教育是棒打出孝子，嬌生慣養出逆子。有一次父親發現我從外面帶回家一把小刀，問我從哪裡來的？我說在操場撿的，他帶上我把小刀放回原地，父親從小不讓我撿任何東西回家。直到現在，我從不收別人的東西，再好我有錢去買，無錢我也不嫉妒。我至今還記得父親訓導過的話：「天賜顏灰一錠金，外財不富命窮人。」兒時，父親的教誨一直激勵著我，使我這一生從不沾便宜。

日本侵華，我已是上小學的年齡，他們在香山到處抓年輕女子，強姦婦女，村裏人都被嚇跑了。我和家人跑到葡萄牙駐京使館，就是現在香山老年公寓，裏面有一千多逃難的人，我父親說這裏人太多危險，如果日本人一來全完了。全家從後門遛了，我們跑到李瞎子溝，這裏有一

座橋，我們在橋上待了一宿。第二天早晨又重新回到廟裏避難一周。最後，日本人公佈不燒、搶、奸，我們才又回到家。爺爺年歲高不怕死，日本人來他沒有逃，一個人待在他的老屋裏。爺爺篩米積攢下的銅錢，放在東家那裏，一直存放了二十多年，那時還沒有銀行，等到日本進京以後，那些錢卻成了綠鈔。爺爺辛苦了一輩子，所看到的錢連棒子麵都換不回來。爺爺83歲那年才死，吃共和麵第二年死的。

日本人進京第二年，對京城年滿18歲的年輕人徵兵，父親為了躲避徵兵讓我大哥去藍錠廠立馬關帝廟伺候清朝殘留下來的梨園弟子。二哥哥為了逃兵役，也去了大哥工作的地方，種菜園子。每年掙糧5擔，相當於現在650斤，直到日本人投降以後，兩個哥哥才回到家。逃兵那年我7歲，在中華附屬小學（碧雲寺）上了二年學，這是李世增的父親在法國做豆腐賣，供兒子上了大學，回到京城創辦的小學，他做了林業部部長，在北京擁有大量的果園，據說他家開辦的還有汽水廠、葡萄酒廠，是京城最早的買辦。可日本人一來全完了。

父親從小是孤兒，是吃朝廷紫色老米下腳料長大的。打小跟著爺爺就沒有挨過餓，因為爺爺長年為皇帝篩米，每天都要拿回來2-3斤碎米，所以我父親身體特棒，個頭也長得高。家中沒有人跟他爭嘴，生活挺充實的，他比同齡孩子都長個。爺爺供父親念了五年私塾，比現在大學學

的東西還多。剛開始父親也要去學一技之長，在銀具「桂香鋪」當徒弟，學了八個月店鋪倒閉，被一個姓郝的轉下來，後來不得不轉到郝家「桂香鋪」繼續，學徒期滿時，店家說父親在他這裏學了兩年零兩個月，原來的八個月不算數得補上。我父親一聽不給轉正，就和店主幹了起來，最後被人拉開，打那以後父親就再不寄人籬下求生，寧肯回家種地當農民，當學徒那段日子讓父親傷透了心，發誓永不沾手藝圈。

1937年盧溝橋事變日本人駐進香山，並在香山創辦華北「造林」會，下面有五十號學生，在四王府問灘普安店搞植樹實驗田，把柳樹叉插在地上就成活了。日本人需要木工，讓我父親去做門，每天有20斤豆餅，父親愛國怎麼也不肯去為日本人做事，當時香山隸屬十三區二十九聯保一七八保，保工的讓我父親當十三甲的甲長，硬把那甲長的牌釘在我家門框上，來人一走被我父親摘下倒置在窗臺上，我那時只有九歲，看著父親的舉止不解的問：「父親，你怎麼摘下來啦？」父親答：「他們讓我當甲長，我不要當官」。

為什麼上了兩年小學就不上啦？日本人在中國實行五次強化治安，目的是馴服中國人成為他們的奴役，把市場上的糧食全都收購，埋在月壇、天壇，以此來餓死中國人，當時所有的學生都餓跑了，就只剩下2個學生，一個叫王富，一個叫曆進平，王富家是做買賣的，曆進平家養有

七八十只羊，曆進平現在還活著，已經八十多歲了。李世增辦的學校不要學費，還發作業本。失學以後，我去給人放羊、種地，解放以後1956年在農業局參加工作，搞育苗工作。後來單位出學費，讓我去念夜校，每週兩次晚上騎車從香山到青龍橋12華里去上課。由於我好學，求知心切，出席了北京市群眾業餘創作積極代表大會，我這會有點出名了。那時只有20歲，一出名追我的女孩子很多，好多是在校的初中生，我喜歡別人，可別人不喜歡我。為什麼？人家聽說我是林業工人，每月只有36，48工資，就嚇怕了。最後得到一個漂亮女孩的青睞，只因不懂得男女之間的事，再加上家庭教育不敢越雷池一步，所以失去了這次初戀。

我記得上一年級，（1939年）孟廣信是我小學同學，他父親叫孟紀恩是看碧雲寺的。孫中山的副官譚衛權的兒子叫譚金泉也是我同學，日本人來那年我們失去了聯繫，直到解放以後才見過一面，後來就再也沒有見到他了。那天中午放學以後，我上碧雲寺玩去，孟廣信、譚金泉碰見我，說塔院門要開想到塔內逮鴿子，可大門一開鴿子全飛了。只見幾個身穿西服的人在裏面，碧雲寺五峰塔有一張石桌子放著一口水晶棺材，從外面可以看清裏面的衣裳。那時可不知道是哪送來的，後來才知道是蘇聯送的，這蘇聯老大哥燒香燒晚了。

1953年，中山堂要重修，由青島拉來的漢白玉重修紀念堂。我為什麼說這事呢？那年我在碧雲寺挑水燒小

鍋粉，那是北京建築工程局療養院。聽老人說，孫中山靈柩來香山，在香山派出的西牆外修了一座紀念台，裏面有一座碑，碑上有孫中山的像，碑後面有文字，可能是「國民主義」。靈柩到時，縣派出所的西牆一直到碧雲寺門口，全是搭的席棚，老百姓一看那陣勢，都說這搭棚的主發大財了。

金鋼寶座塔：清代建築。1925年孫中山先生逝世後，衣帽封藏於塔內，故稱「孫中山先生衣冠塚」。注：孫中山紀念堂，原為尊明妙覺殿。1925年孫中山先生逝世後停靈於此，後闢為孫中山先生紀念堂。內陳列前蘇聯政府所贈玻璃蓋鋼棺和孫中山先生遺墨、遺著等文物。

軍閥混戰，人心渙散。強權得利，自是看好香山這塊風水寶地。熊希齡在袁世凱手下當任國務總辦，在香山也辦起了慈幼園。大軍閥孫傳芳死了也侵佔香山土地，而且占了陰陽兩宅。蔣介石的秘書長何應欽駐足碧雲寺。無論不管哪個朝代，奪權之後都來香山，蔣介石到過香上，馮玉祥、毛澤東來過香山，這裏是兵家奪爭之地。毛主席住在「雙清別墅」，周恩來住在香山寺，朱德住在碧雲寺，劉少奇住在北辛村後街11號，汪東興住在北辛村8號，葉建英住在煤廠街，彭德懷住在南辛村東頭，原新華社社長吳冷西住在一棵松。劉少奇夫婦到我家串門，父親問他怎樣稱呼呀？劉少奇說就叫劉同志，指著王光美說叫王同志。後來是村長告訴我們，他是國家副主席劉少奇。

2005年四月裏，國民黨連戰、民進党宋楚俞都來碧雲寺拜孫中山的紀念堂。

　　香山公園有48是：1、小佳亭2、養鹿園3、看陰晴（太陽升起）4、養蠶室5、靜神（西太后九月九登高與太監李連英來此爬山累了，西太后說：「我們歇會，靜靜神，擦擦汗。轎子抬著上去」。）

　　「兩滿加一漢」——滿族政府有一筆專用款用於海軍，西太后把它挪用建了三園（頤和園、靜明園、靜宜園）由於當時水源不充足，曹雪芹上書西太后：「用兩滿加一漢，不就有水了嗎？」滿和漢兩字都帶水，寓意當時滿漢兩族遷徒分佈於此地。

　　養鹿園：1946年把餘下的21頭鹿賣給羊肉鋪當羊肉賣了。我媽有胃病讓我去接鹿血，那日去是宰鹿的楊富漢讓我去的，他宰鹿時被掙扎的鹿蹬壞了褲襠，連腿上的肉都爛了，鹿勁太大了，一個人根本沒勁捆著它，回民阿洪主刀宰的，漢人宰人家漢民不吃呀，信仰不一啊。

　　香山的鹿很多，母鹿生下小鹿以後為了恢復得快必須吃靈芝草，這公鹿給他銜去，銜來的靈芝得公鹿喂到母鹿嘴裏，母鹿必須用嘴去接彼此感應。西太后想長命百歲，朝廷就借用公鹿引路去盜靈芝，看到公鹿嘴上銜有靈芝，盜者用手去接，卻從沒有接到過。香山有沒有靈芝草，的確是有的，只是靈芝草生長在零下15度或有80%的濕地裏。

　　香山的春天，仍是光禿禿的一片，沒有樹木，就連地殼上的亂草也被我們用鐮刀割光了。那時我才十幾歲，跟著大哥和鄰近老鄉，把割回的乾草送往山下店鋪豆腐房、粥場換回錢補貼家用。粥場，是專門施捨給老百姓的。香山有個李樹榮，他信佛行善，出面找到佛教協會開辦了這個粥場。每天早晨打粥的人進去先領粥牌，從北門進打西門出，先給學生，學生領完粥上學去，再給老人，老人給完了再給女人，最後才給年青人。那時的旗人後代落泊得一貧如洗，家底既是不錯的也被他們變賣一空。這時他們再沒有八旗以往的優越感，和我們漢人爭吃一鍋飯了。想想看，清政府得勢那陣，能看到這樣尊卑不分的場面嗎？真是三十年河東，三十年河西啊!?可好景不長，粥場開了三年，1945年到1948年，廟裏的居士不施捨，粥場也就關門了。

　　……

　　哎，歲月如煙，一切都過去了。

　　這是早先我出版的書，送一本給你帶走吧。那書裏菊花的名字全在唐詩裏找到的靈感。打那以後，一夜間就出名了，1994年中央電視臺2台採訪實況，《香山養菊人》報導我養植的1300個菊花品種，先後收倒全國300多封信，參加的社會活動也多了起來。

　　人怕出名，豬怕壯啊！今生我是不願意做官，做官樹大招風，官大惹禍。

【後記】
一些支離破碎的記憶

　　2007年7月中旬，作者再次來到北京香山，對去年已採訪過的人和事，又進行一次現場訪問。即使作者出境的期限在即，還是不想放棄對每一個人的回訪，在北京花園酒店裏，利用電話結束了未親自回訪到的人。作者儘管想還原這本書的真實面貌，儘量讓它充實豐富些，但畢竟生活在那個年代的歷史人物消逝久遠，採訪到的史料既不是正史，也不是野史，僅是當事人對祖先留下的一些支離破碎的記憶。但眼前那些活生生的生命，即使真真假假，假假真真，或者永遠無法理出一個清晰的歷史紋路，但無可否認的是，他們的祖先所經歷的是真實的。作者歸納採訪的回憶片段，穿插背景材料，歷史人物的走向，以及把書中主人翁相關的人和事聯繫起來。展示在讀者面前的，只是一個粗略的民間歷史真實故事。

　　歲月留不住，再輝煌的王朝都有衰落的時候。正驗證了：「亂世熱血獨愴然，明兒便是一白骨。」

　　再次感謝滿族文化學者金適教授為拙作寫序。2011年開春，作者出境期間在北京與金適教授有過一番長談，之後國際長話交流，深感金教授尊重歷史，在學術上的認真嚴謹，其父金啟孮先生就曾提到：「對滿族歷史的宣傳，關注上層社會太多，對底層

老百姓生活描寫太少了。真正反映歷史的還是在廣大勞動人民身上。」金教授也談到：「現在有關滿族的文學、影視作品，多數反映的是康乾盛世、是統治階層的權利鬥爭與宮廷生活。應更多去體現滿族這個民族英勇善戰精神，反映普通滿族人的真實思想與生活。」

　　不知咋的？今日再次閱讀該書，心中蕩漾著一股淒涼和內疚來。採訪到現在已經5年過去了，書中主人翁有的已作古，留下的大多年邁古稀，真擔心他們是否能等到這本書的問世。

　　感謝北京朝陽區政府黨史辦趙汀傑老師，曾對該書的建議。感謝朋友飛揚的流沙對該書寫下的文字和文字校正。在此期間，該書還得到高全榮、郎玉福兩位老人的大力關注。特意申明，本書個別主人翁不願披露真實身份，藉以筆名代替。

　　此外，作者除了自己拍攝的照片外，還借鑒了不少網路照片和資料，未一一注明來源，敬請包涵諒解。

2011年夏最後脫稿

作者於馬德里「琴心苑」

【附錄】

滿族簡介

　　滿族，現有人口9821180人，分佈在中國東三省，以遼寧省最多。另外，在內蒙古、河北、山東、新疆等省、自治區以及北京、成都、蘭州、福州、銀川、西安等大中城市均有少數散居滿族。

　　滿族歷史悠久，可追溯到兩千多年前的肅慎人，其後裔一直生活在長白山以北、黑龍江中上游、烏蘇里江流域。17世紀初，建州女真首領努爾哈赤順應和把握歷史時機，完成了女真各部的統一，並建立後金政權。皇太極時期女真社會進一步發展、大清政權鞏固、軍事勢力加強，1644年多爾袞揮師入關，建立了統治全國的清朝封建政權。

　　從滿族崛起創建大清王朝，由積累發展到康乾盛世，再到嘉慶道光逐步走向衰竭。無論她的政治、文化、還是經濟都發生了劇烈的變遷。之後的半個世紀，形成滿漢長期雜居的局面，辛亥革命後，旗人從根本上完全改變了自身的生活形態，故滿洲族改稱滿族。

　　滿族有自己的語言文字，隸屬阿勒泰語系滿─通古斯語族滿語支。滿文創制於16世紀末，是借用蒙古文字母創制的。17世紀四十年代，滿族大量入關後，普遍開始慣用漢語文。但是，也不

完全排除滿族文化已經消逝殆盡。如今的老北京許多風俗習慣仍舊保留著旗人文化，正是漢中有滿，滿中有漢。

滿族自古好歌舞，古代舞蹈多由狩獵、戰鬥的活動演化而來。歷史上滿族男子喜穿青藍色的長袍馬褂，頭頂後部留發梳辮留於腦後，戴圓頂帽，下穿套褲。婦女則喜歡穿旗袍，梳京頭或「盤髻兒」，戴兒環，腰間掛手帕。滿族入關後，其服裝與漢族服裝趨於一致，但旗袍卻以其獨特的魅力流傳下來，成為中國婦女的傳統服裝。

現代人，或許更確切地說，當今不少人已沒興趣再去關心一百多年前，那場轟動世界的侵華戰爭了。單看以下贅述的文字記錄，足讓經濟弄潮兒們枯燥乏味。可這段刻苦銘心的中國歷史，又怎能揮之而去？所以，借此書面還是把它留給我們的記憶，告訴後人：歷史的傷痛忘卻不了。

鑲黃旗

在今內蒙古錫林部勒盟西南部。清代八旗之一。建於明萬曆四十三年（1615年），因旗色為黃色鑲紅邊而得名，鑲黃旗是上三旗之一，旗內無王，由皇帝所親統，兵為皇帝親兵，侍衛皇室的成員也從上三旗中選。清末時的規模達到下轄84個整佐領又2個半分佐領，兵丁2.6萬，男女老少總人口約13萬人，很多清皇室成員都屬於鑲黃旗，如嘉慶帝的皇后孝和睿，乾隆帝的皇貴妃，「垂簾聽政」的慈禧和慈安（也稱東宮）都是，朝廷的高級官員中也有不少是來自鑲黃旗的。

正黃旗

以旗色純黃而得名。正黃、鑲黃和正白旗列為上三旗,上三旗無王,都歸皇帝所親領,皇室侍衛成員也選自上三旗。至清末,是八旗洲中人數最多的一個,下轄92個整佐領又2個半分佐領,約3萬兵丁,男女老少總人口約15萬人。康熙的愛臣,乾清門一等侍衛納蘭性德就是正黃旗人。

正白旗

位置在內蒙古錫林郭勒盟南部,清代八旗之一。明萬曆二十九年(1601年),努爾哈赤初定,以旗色純白而得名。正白旗是八中的上三旗之一,順治前,上三旗中並無正白有正藍旗,因在順治初,多爾袞將自己所領上正白旗納入上三旗而將正藍旗降入下五旗,這以後就了定制。正白旗是皇帝親統之一,旗內無王,兵為皇帝親兵,並從中挑選皇室侍衛成員。清末規模為轄86個整佐領(基本戶口和軍事編單位100—300人為一單位)約2.6萬兵丁,男女老少總人口約13萬人。清末撚代皇后婉容是正白旗人。

鑲白旗

在今內蒙古錫林郭勒盟南部,清代八旗之一。建於明萬曆四十三年(1615年),因旗色為白色鑲紅而得名,鑲白旗屬於下五旗之一,不是由皇帝所親統,而由諸王、貝勒和貝子分統。清末時規模是84個整佐領,兵丁2.6萬丁,男女老少總人口約13萬人。

鑲藍旗

在今內蒙古烏蘭察布盟東部，清代八旗之一。建於明萬曆
四十三年（1615年），因旗色為藍色鑲紅而得名，鑲藍旗是下五
旗，由諸王、貝勒和貝子分統。清末時模達到下轄87個整佐領又
一個半分領，兵丁2.7萬，男女老少總人口約13.5萬人。著名表演
藝術家侯寶林先生便是鑲藍旗人。

正藍旗

在今內蒙古錫林郭勒盟南部，閃電河流貫領接河北。清代八
旗之一。建於明萬曆二十九年（1601年），因旗色純藍而得名。
正藍旗在順治前與正黃、鑲黃列為上三旗，順治初，被多爾袞降
入下五旗，不再由皇帝所親領而由諸王、貝勒和貝子分統。清末
時模達到下轄83整佐領11個半分佐領，兵丁2.6萬，男女老少總
人口約13萬人。

鑲紅旗

在今內蒙古烏蘭察布盟東部，清代八旗之一。建於明萬曆
四十三年（1615年），因旗為紅色鑲白而得名，鑲紅旗是下五旗
之一，由諸王、貝勒和貝子分統。清末時規模達到下轄86個整佐
領，兵丁2.6萬，男女老少總人口約13萬人，清光緒帝的寵妃珍
妃就是鑲紅旗人。

正紅旗

在今內蒙古烏蘭察布盟東部，清代八旗之一。建於明萬曆二十九年（1601年），因旗色為紅純紅而得名，正紅旗是下五旗，由諸王、貝勒和貝子分統。至清末，是八旗中人口最少的一個旗，規模為下轄74個整佐領，兵丁2.3萬，男女老少總人口約11.5萬人，著名作家老舍先生原隸正紅旗；清乾隆年間的大貪官和珅也是正紅旗人

八旗旗幟

採訪資料提問

1. 北京旗人從哪裡來的？什麼時候在香山落戶？
2. 滿族皇帝退位前家裏生活情況，退位後的變化？
3. 現今這些旗人還有沒有滿族的民族的意識，還保留著什麼習慣？
4. 他們從事的職業，多數人以什麼為生？
5. 他們原籍在何處？族上為何來北京？哪一輩人最風光？老姓是什麼？
6. 他們的信仰是什麼？是否還保持著祭祖的習俗？
7. 香山哪些人文景觀是八旗兵的遺物？
8. 家裏還有沒有前清時的擺設？
9. 是否還有民族回歸感？
10. 還保留本民族語言？

參考書籍

《中國歷史》——考證出版社印行

《滿族的社會與生活》——北京圖書館出版社

《滿族婦女生活與民俗文化研究》——中國社會科學出版

《溥儀和滿族遺老》——世界文物出版社

《京城舊俗》——北京燕山出版社

《曹學論叢》——群眾出版社

《京城外三營》——北京出版社

《槐蔭堂隨筆》——友誼出版社

《古今香山》——北京出版社

《神秘的古碉》——中國三峽出版社

北京香山腳下旗人的命運
——口述歷史訪談錄

作　　者／張　琴
責任編輯／林千惠
圖文排版／譚嘉璽、姚宜婷
封面設計／王嵩賀

發 行 人／宋政坤
法律顧問／毛國樑　律師
出版發行／秀威資訊科技股份有限公司
　　　　　114台北市內湖區瑞光路76巷65號1樓
　　　　　電話：+886-2-2796-3638　傳真：+886-2-2796-1377
　　　　　http://www.showwe.com.tw
劃撥帳號／19563868　戶名：秀威資訊科技股份有限公司
　　　　　讀者服務信箱：service@showwe.com.tw
展售門市／國家書店（松江門市）
　　　　　104台北市中山區松江路209號1樓
　　　　　電話：+886-2-2518-0207　傳真：+886-2-2518-0778
網路訂購／秀威網路書店：http://www.bodbooks.com.tw
　　　　　國家網路書店：http://www.govbooks.com.tw

2012年2月BOD一版
定價：280元
版權所有　翻印必究
本書如有缺頁、破損或裝訂錯誤，請寄回更換

國家圖書館出版品預行編目

北京香山腳下旗人的命運：口述歷史訪談錄 /
　張琴著.-- 一版. -- 臺北市：秀威資訊科技,
　2012.02
　　面；　公分
　BOD版
　ISBN 978-986-221-880-8(平裝)

　1. 滿族　2. 傳記　3. 訪談　4. 中國

782.297　　　　　　　　　　　100023155

讀 者 回 函 卡

感謝您購買本書,為提升服務品質,請填妥以下資料,將讀者回函卡直接寄回或傳真本公司,收到您的寶貴意見後,我們會收藏記錄及檢討,謝謝!
如您需要了解本公司最新出版書目、購書優惠或企劃活動,歡迎您上網查詢或下載相關資料:http:// www.showwe.com.tw

您購買的書名:_____

出生日期:_____年_____月_____日

學歷:□高中 (含) 以下　　□大專　　□研究所 (含) 以上

職業:□製造業　□金融業　□資訊業　□軍警　□傳播業　□自由業
　　　□服務業　□公務員　□教職　　□學生　□家管　　□其它_____

購書地點:□網路書店　□實體書店　□書展　□郵購　□贈閱　□其他

您從何得知本書的消息?

　　□網路書店　□實體書店　□網路搜尋　□電子報　□書訊　□雜誌
　　□傳播媒體　□親友推薦　□網站推薦　□部落格　□其他_____

您對本書的評價:(請填代號　1.非常滿意　2.滿意　3.尚可　4.再改進)

　　封面設計___　版面編排___　內容___　文/譯筆___　價格___

讀完書後您覺得:

　　□很有收穫　□有收穫　□收穫不多　□沒收穫

對我們的建議:_____

_____

_____

_____

11466
台北市內湖區瑞光路 76 巷 65 號 1 樓

秀威資訊科技股份有限公司　　　收

BOD 數位出版事業部

. . . .

（請沿線對折寄回，謝謝！）

姓　　名：_____　年齡：_____　性別：□女　□男

郵遞區號：□□□□□

地　　址：_____

聯絡電話：(日) _____ (夜) _____

E-mail：_____